기독교 미술의 원형과 토착화

– 카타콤 벽화에서 비잔틴 건축까지 –

박정세 지음

연세대학교 출판부

The Original Form of Christian Art and Contextualization

– From Catacomb Frescos to Byzantine Architecture –

ChungSe Park

YONSEI UNIVERSITY PRESS

머리말

미술에 대한 별다른 조예가 없으면서 이런 책을 내도 괜찮을까 하는 생각을 여러 번 하다가 초기 기독교와 비잔틴 미술에 관해서는 현재 두 권의 번역서 이외 다른 저작이 없기에 용기를 내어보았습니다.

이 책은 필자가 연세대학교 연합신학대학원 2007년 〈공개학술강좌〉에서 발표하게 되었던 "기독교 성화의 토착화와 한국화 예수전"의 전반부 내용에서 출발하게 되었습니다. 그 관심이 카타콤에 가서 벽화들을 꼭 확인해보고 싶은 마음으로 이어졌고, 로마에 갔다가 비잔틴, 로마네스크, 그리고 고딕 건축과 미술로 확대되면서 이와 관련된 책들을 흥미진진하게 읽게 되었습니다.

그래서 먼저 "기독교 성화의 기원과 토착화 – 제정로마시대를 중심으로 –"(『신학논단』, 45집)를 정리하고, 계속해서 "비잔틴 시대 기독교 미술의 특성과 토착화"(『신학논단』, 47집)를 내게 되었습니다. 그러나 논문으로는 그림 자료를 제대로 넣을 수 없어 아쉬움을 갖고 있다가 이번에 다양하게 그림을 수집하고 위의 두 논문을 부분적으로 재정리하여 책으로 만들게 되었습니다.

그러나 이 시기에 해당하는 미술 자료를 구하는 것이 쉽지 않았습니다. 특히 카타콤과 두라-유로포스와 관련된 내용과 그리스·로마 신화에 관련된 그림들은 적절한 것이 없는 경우가 많아 도판의 크기가 들숙날숙하게 된 점이 아쉽습니다.

초교를 읽고 좋은 의견을 주신 김이순 박사(연세대 강사, 서양미술사), 독자들의 편의를 위해 용어를 찾아 설명부분으로 넣어준 신유경 선생, 그리고 이 책을 발간될 수 있도록 지원해주신 연세대학교 출판부에 감사드립니다.

또한 부록으로 〈한국에 오신 예수〉의 도판을 사용하도록 흔쾌히 허락해주신 혜촌 김학수 장로님께 진심으로 감사드립니다. 이 부분은 이 책에 꼭 들어가야 할 내용은 아닐 수도 있겠지만, 우리나라에도 이렇게 귀한 작품이 있음을 독자들에게 알리고 싶은 마음이 컸기 때문입니다.

부족한 점이 많지만 이 책이 기독교 성화에 대한 관심이 고조되는 데 작은 기여를 할 수 있기를 바랍니다.

차례

기독교 미술의 원류를 찾아서

우리 주변에서 자연스럽게 접하게 되는 다양한 모습의 "성화"는 언제부터 그려지기 시작했으며, 그 성화는 언제부터 토착화 되었을까? 필자는 평소 한국화로 된 예수전 성화를 접하면서, 막연하게나마 그런 생각을 하곤 하였다. 우연한 기회에 『그리스도교 대사전』[1] 의 부록 가운데 "단색(흑백) 사진" 편에서 로마의 라티나가도 카타콤*에 있는 벽화라고 설명된, <우물가의 그리스도와 사마리아 여인>과 <홍해도하>라는 제목의 〈도판 1〉과 〈도판 2〉를 접하게 되었다.

* 카타콤(Catacomb): 초기 기독교 시대의 비밀 지하 묘지. 로마 황제의 박해를 피하여 죽은 사람을 그곳에 매장하고 예배를 보기도 하였는데, 소아시아·북아프리카·남부 이탈리아 등지에 널리 있지만 로마 교외의 것이 가장 대표적이다.

1
왼쪽, 라티나가도 카타콤에 있는 <그리스도와 사마리아 여인>.
4세기 중간기.

2
오른쪽, 라티나가도 카타콤에 있는 <홍해도하>.
4세기 중간기.

짧은 머리의 예수와 모세의 의복이 마치 영화에서 본 로마 호민관의 복장과 같다는 점이 호기심을 끌면서, 기독교의 성화는 어

1) 그리스도교대사전편집위원회, 『그리스도교 대사전』, 기독교서회 :1972.

찌 보면 거의 처음부터 토착화된 것인지도 모른다는 생각에 이름으로써, 성화의 원형과 토착화에 대한 관심을 키워보았다.

우리나라의 한 미술평론가는 "성화 도상의 지역화는 과거 르네상스시기부터 흔히 볼 수 있는 현상이었으나 19세기 말에서 20세기 전반에 이르는 시기에 동북아지역에서 그 함의가 보다 각별하였다."[2]고 한다. 여기에서 지역화라고 하는 말은 그 지역의 문화적 관습과 내용을 적용한다는 점에서, 이러한 지적은 성화의 토착화는 르네상스시대부터라는 표현으로 이해하는 데 별 문제가 없다고 본다.

한편, 성화에 관한 직접적인 언급은 아니지만, 윗글의 표현과 연계하여, 왜 그러한 변화가 일어나게 되었는가에 대한 한 이론을 보게 된다. 신학의 지방화에 관해 일가견을 제시한 신학자 로버트 슈라이터는 "관점의 변화"라는 입장에서 1950년대를 강조한다.

> 관점의 변화, 즉 어떤 사람이 신앙을 구체적으로 표현할 때에는 환경의 영향을 받는다는 사실에 중점을 둔 신학적 태도가 처음 생겨난 것은, 그리스도교의 역사가 비교적 짧은 지역인 아시아와 아프리카에서였고, 이 두 대륙을 중심으로 1950년대에 이르러 세계적인 관심을 끌기 시작했다. 서구와는 전혀 다른 문화적 배경에서 살고 있는 이 지역 사람들은, 역사가 오랜 서구 교회로부터 물려받은 신학들이 자신들에게는 적합하지 않다는 사실을 분명하게 인식하기에 이른 것이다.[3]

---

2) 최효준, "기독교 토착화 관련 성화 도상 구현의 의의 - 20세기 전반 동북아세아지역을 중심으로 -", 『미술사학보』, 제18호, 2002. 9.

3) Robert J. Schreiter, *Constructing Local Theology*, (『신학의 토착화』, 황애경 역, 가톨릭 출판사, 1991), 18쪽.

이는 미국 가톨릭 신학회 회장을 역임한 바 있는 성혈 수도회의 슈라이터 신부가 서구 신학자로서 서구의 관점에서 보고 느낀 것을 바탕으로 토착화의 시대가 온 것을 서구 신학자와 기독교인들에게 전하고 있는 것이다. 여기에서 지적되는 1950년대는, 1945년경 2차대전이 종식됨으로써, 여러 나라들이 제국주의 식민지에서 벗어나 해방과 독립으로 새로운 출발을 하며, 여러 분야에서 그 민족과 국가의 정체성에 큰 관심을 갖게 되었던 시기이다.

그러나, 서아프리카 이슬람지역 출신의 선교 신학자 라민 싸네는 기독교의 선교역사를 비서구인의 관점에서 살피며, 예루살렘에서 시작된 기독교는 처음부터 예루살렘에서 밀려나 그리스·로마 문화권으로 들어가게 됨으로써, 아람 어*로 기록된 유대의 복음은 처음부터 희랍어로 번역된 것을 지적하며, "선교는 곧 번역"[4] 이라고 주장한다. 즉, 번역이란 기본적으로 『성경』의 언어를 피선교국의 동등어를 찾아 대치해내는 일이기에, 이방 선교는 처음부터 일정한 부분의 토착화가 전제된다고 하겠다.

* 아람 어: 셈 어족 북서 셈 어파에 속한 언어. 기원전 8세기 이후 국제 통상 용어 및 외교 용어로 고대 페르시아에서 아프가니스탄까지 쓰였다. 오늘날에는 시리아, 아르메니아, 메소포타미아의 일부에서 쓴다.

** 코란의 번역: 『코란』은 유일신 알라 자신의 말로 되어 있으므로 이슬람교도는 이것을 직접 이해하지 않으면 안 되고, 번역은 금지되어 있었다. 그러나 그리스도교계가 이슬람교계에 대해 관심을 갖기 시작한 11세기 이베리아반도에서 전쟁을 한 뒤부터 급속히 관심이 고조되어 12세기에는 최초의 라틴어 번역이 시도되었다.

---

4) Lanin Sanneh, *Translating the Massage - the Missionary Impact on culture*, (『선교신학의 이해』, 전재옥 역, 대한기독교서회, 1993). 47~50쪽. 한편 라민 싸네는 이러한 기독교의 『성경』 번역을 통한 선교역사는, 이슬람이 결코 『코란』을 번역하지 않고 한걸음 더 나아가 번역된 것은 코란이 아니라는 점을 견지**함으로써 코란이 중동의 아랍 어를 표준화시킨 것과, 매우 대조되는 것임을 강조하고 있다.

§ 1부

제정로마시대의 기독교 미술

부활하신 예수를 만난 제자들은 성령을 받은 후 복음을 증거하기 시작하면서부터 유대의 지도층으로부터 탄압이 시작되어, 급기야 이들은 예루살렘을 떠나 흩어지게 되었다. 이러한 현실적 여건은 매우 안타까운 상황이었지만, 거꾸로 이 정황은 복음이 폭넓게 퍼져나가는 계기가 된 것을 우리는 잘 알고 있다.

그러나 제정로마시대의 기독교는 활발하게 나아가 전도할 수 있는 형편은 아니었다. 특히 로마의 네로 황제(54~68년)*, 데시우스와 발레리안 황제(250~259년), 그리고 디오크레티안 황제(303~305년) 즉위 중에는 기독교인에 대한 박해는 철저하고도 혹독하였기에, 제정로마시대의 초기 기독교는 예술이라는 측면이 활기차게 발전하기는 어려웠던 시기임을 짐작할 수 있다.

* 네로 황제: 로마의 제5대 황제(37~68). 초기에는 선정을 베풀었으나, 차츰 측근의 유능한 인재를 살해하고 기독교도를 학살하는 등 공포 정치를 하였다.

아울러 생각할 수 있는 것은, 구약성경을 중요한 기반으로 하는 기독교는 십계명의 제2계명, 즉, "너희는 너희가 나를 섬기려고 위로 하늘에 있는 것이나, 아래로 땅에 있는 것이나, 땅 아래 물속에 있는 어떤 것이든지, 그 모양을 본떠서 우상을 만들지 못한다."(출애굽기 20:4)는 말씀이 유대교 전통으로 실천되어 온 점이다. 따라서 신앙의 예술화 혹은 성화를 그리는 것은 엄두를 못

낼 일이기도 하였다.

특히 당시 로마제국 내의 종교적 상황은 황제를 신격화하며, 무수한 모습이 다양하게 제작되어 섬겨지고 있는 상태여서 초기 교회에서의 성화를 그리거나 조각하는 등의 신앙의 예술적 활동은 더더군다나 조심스럽지 않을 수 없는 상황으로 사려된다.

그럼에도 불구하고 믿음의 결속을 굳건히 하고 서로 소통하기 위한 기독교의 상징 기호나 문자 그리고 그림들이 사용되었던 것으로 보인다. 그리고 한걸음 더 나아가 고난 속에서도 희망을 잃지 않도록 구원의 희망을 전하는 구약성서와 복음서의 내용들이 로마의 카타콤(Catacomb)*의 벽들에 소박하면서도 다양하게 그려졌다.

또한 제정로마 치하에 유프라테스 강가에 있는 두라-유로포스(Dura-Europos)의 회당과 교회에도 다수의 성서의 이야기들이 벽화로 그려져 신앙공동체의 결속을 강화한 것으로 보인다. 서구 미술사(History of Art)에서는 카타콤의 미술품들과 두라-유로포스의 벽화들을 기독교 최초의 예술로 규정되고 있다.

일반적으로 기원전 30년부터 기원후 476년까지를 제정로마시대(The Roman Empire)로 칭한다. 그러나 이 책에서는 기독교의 시작과 연계하여 1세기 중반부터 콘스탄틴 대제가 기독교를 공인하는 4세기 초반까지를 한 시대로 구획하고자 한다.

따라서 본 장에서는 서양미술사와 서양복식사를 기반으로, 먼저 기독교가 공인되기 이전인 제정로마시대의 카타콤 벽화와 두라-유로포스의 벽화, 그리고 그 벽화에 나타난 복식의 특성을 유대 고유 복식과 비교하여 봄으로써 먼저 기독교 성화의 시원과 토착화를 살피고자 한다.

* 카타콤(Catacomb)의 형태: 카타콤의 형태에는 5개로 로쿨로, 포르마, 아르코솔리오, 쿠비콜로, 크립타로 나눌 수 있다. 로쿨로는 카타콤 내부에 가장 많은 무덤 형태로 내부의 지하 통로 양쪽으로 벽처럼 되어 있는 곳에 직사각형으로 구멍을 파 놓고 죽은 사람을 구멍 안에 눕혀 놓고 그 위에 천만을 덮고 무덤을 가리기 위해 뚜껑으로 막은 것이다. 포르마는 땅에 마련된 규모가 큰 공동무덤이다. 아르코솔리오는 3~4세기에 많이 만들어진 것으로 카타콤 내부 무덤들 중에서 가장 아름답게 꾸며진 무덤이다. 쿠비콜로는 가족묘지로 사용되었으며 내부 벽위에는 벽화들이 많이 남아 있다. 다섯번째 크립타는 카타콤에서 가장 규모가 큰 장소로 이곳에는 주로 순교자 또는 성인들의 무덤이 자리하고 있다. 이곳은 공간이 넓기 때문에 교회와 같은 역할을 했다고 한다.

1. 로마 카타콤과 벽화의 특성

1) 카타콤의 형성과 벽화

카타콤이란 말은 고대 그리스어 〈카타콤베catacombe〉로, "낮은 지대의 모퉁이"를 뜻하는 단어이다. 수도 로마의 아피아 길 옆에 있는 성 세바스찬 묘지가 두 언덕 사이에 있었기 때문에, 3세기에 이 묘지의 위치를 표시하기 위해, 이 이름을 사용하게 되었다 한다. 중세까지만 해도 지하묘소로서 알려진 것은 이 묘지뿐이었으나, 16세기에 초기 몇몇 지점에서 기독교도의 지하묘지가 발견되고부터는 모든 지하묘지를 카타콤이라 부르게 되었다.

이와 같이 지하에 묘지를 두는 풍습은 동방에서 전래되었다고 하는데, 기독교에 대한 박해가 심해지면서 지하묘지의 풍습이 더욱 성행*한 것으로 짐작되고 있다. 당시 지하묘지의 내부는 긴 회랑을 따라 양편 벽을 가로 120~150cm, 세로 40~60cm 파서 시신을 넣었으며〈도판 3〉, 천정과 벽의 공간에 회를 발라 다양한 성화를 벽화로 남기고 있다.[5)]

* 무덤지역에서 종교의 핍박을 피해 그리스도 교인들이 모인 까닭은, 로마법에 의하면 묘지는 함부로 침범할 수 없는 성역으로 간주되었기 때문에 이곳에 숨어 예배를 드리고 목숨을 연명하며 살아간 것이다.

또한 회랑의 공간을 따라 가족의 시신을 연이어 매장한 "가족실묘실", 회랑 끝부분에는 "소예배실"을, 그리고 입구 부분을 넓혀 "대예배실"로서의 용도를 위해 장식되기도 하였다. 이러한 현상은 특히 로마 근교가 응회암* 지역으로 지하묘지가 활성화되게

* 응회암: C.K.웬트워스의 분류에서는 지름 4mm 이하, R.V.피셔의 분류에서는 지름 2mm 이하의 화산방출물을 정의한다. 함유물의 암질(岩質)에 따라 여러 가지 명칭이 있다.

5) Wikipediaa, Free Encyclopedia, http://en.wikipedia.org/wiki/Main_Page.

3
로마에 있는 칼리투스 카타콤의 한 건물벽에 붙여 놓은 카타콤 설명판들.
왼쪽: 벽에 구멍을 파고 시신을 넣은 후 돌판으로 막아놓는 상상도.
중앙: 카타콤 내부에 층층으로 된 회랑과 회를 발라 그림이나 글씨를 써놓은 모습.
오른쪽: 기독교 공인 이후 카타콤의 넓은 공간을 예배실로 장식해 놓은 모습

4
지상에서 지하의 무덤으로 내려가는 계단으로, 걸어내려오려는 사람의 모습이 보이는 사진.
칼리투스 카타콤, 로마.

되는 바, 이곳에는 크고 작은 60여 개의 카타콤이 있고,[6] 지하 4층 규모의 회랑이 수백 킬로미터에 달하는 것도 있다.[7]

---

6) Antonio Baruffa, *The Catacombs of St. Callixtus*, tr., by W. Purdy, L.E.V. Vatican city. 1993, p. 11.

7) Pier Francesco Listri, *Rome and the Vatican city Venice Florence Naples*, ATS Italia Editrice-Kina Italia. p. 139.

5
카타콤의 긴 회랑과 묘실의 모습, 군데군데 회를 발랐던 부분의 흔적이 보인다.
칼리투스 카타콤, 로마.

이 지하묘지에서는 순교자의 시신이 있는 옆자리가 선호되어 왔는데, 380년 기독교가 국교화* 되면서 지상의 교회묘지를 선호하는 쪽으로 바뀌게 되고, 6세기경부터는 카타콤이 순교자 기념 예배장소로 확장되고 장식되었다.

그러나 10세기경부터는 성유골이나 유품을 교회 바닥에 안치하게 됨으로써 카타콤이 버려지고 잊혀지게 되었다가, 1578년 우연하게 발견되어 초대교회의 기념비적인 존재로 여기게 되었으며, 현재는 교황청 주관으로 모든 카타콤을 유지 관리하고 있다.[8)]

카타콤 내부의 미술품을 살펴보면, 상징물, 벽화, 그리고 석관 조각 등으로 구분할 수 있다. 당시 상황으로 보아 초기에는 상징물 정도로 표현되었던 것으로 파악한다. 즉, 기독교를 상징하는 "문자약어"나 음각된 간단한 그림을 그린 것으로 보인다. 그리고 점차 단순한 그림에서 시작하여 다양한 벽화를 그리고 있다.[9)]

* 기독교의 기원: 사도시대는 예수님의 부활 사건 이후 사도들의 선교활동을 위해 여러 교회를 세우며 각 교회에 편지를 쓰던 때까지라고 할 수 있는데, 이때에 초대 교회가 형성되었다. (서기 100년경까지) 사도시대를 지나 서기 2세기(서기 130년 정도)에 가톨릭이라는 말이 처음 사용 되는데 이때에 신약성서가 편찬된다. 그리고 구약과 신약을 경전으로 채택한다. 콘스탄티누스 황제에 의해 가톨릭이 공인(서기 313년)된 후, 니케아 공의회가 열려 교리를 정비하였고 데오도시우스 황제 때에 국교로 선포(서기 380년경)되기에 이른다.

6
희랍어로 [익투스]'물고기'라는 뜻의 글자. 이 단어는 기독교를 상징하는 5개 단어의 첫 글자들로 암호의 역할을 하였다.

8) Antonio Baruffa, *The Catacombs of St. Callixtus*, tr., by W. Purdy, L.E.V. Vatican city. 1993, pp. 11~17.

9) Bernard S. Myers, Trewin Coppleston, ed, *The History of Art with Twelve Hundred Illustrations*, Eeter Books, 1985, p. 189.

7
십자가 모형이 내재된 배의 닻으로, 그리스도 안에 정박하는 것을 의미하는 초기 기독교의 한 구원의 상징.
카타콤, 로마.

8
노아의 방주의 모습으로 대홍수와 같은 난관 속에서도 하나님의 구원을 믿는 신앙을 표현하는 당시 기독교의 한 상징.
칼리투스 카타콤, 로마.

9
첫글자만 읽으면 '물고기'가 되는 말의 각 단어의 글자를 표시한 내용.

- 예수
- 그리스도
- 하나님
- 아들
- 구세주

또한 오른쪽은 예수가 그리스도(구세주)임을 첫 글자로 표현한 상징.
칼리투스 카타콤, 로마.

10
선한 목자. 칼리투스 카타콤, 로마. 3세기 초반.

2) 카타콤 벽화의 특성

카타콤의 벽화들을 자세히 살펴보면 상당수가 기독교로 개종한 이방인들, 특히 예술가들과 깊은 관련을 맺고 있음을 알게 된다. 즉 이들 이방인 예술가들은 그들이 본래 갖고 있던 문화로 자신의 믿음과 희망을 카타콤 안에 그림과 조각으로 표현했는데, 그 구상, 배경, 소도구 및 장식에 개종하기 전의 자기 기술과 문화의 전형적 형태를 활용하고 있다. 카타콤의 이방인 예술가들은 주로 로마인들로 그리스의 전형적인 형식과 요소를 갖고 있었던 것으로 파악된다.[10)]

이러한 이방적 표현방식은, 다른 한편으로, 기독교인이 아닌 사람들에게는 카타콤의 벽화들을 일반적인 그리스·로마의 그림으로 이해하게 됨으로써, 박해 아래서 신앙의 비밀을 유지하는 데에도 도움이 되었을 것으로 보인다.

카타콤의 초기 기독교인들은 자신들의 처지를, 한편으로는, 길 잃은 어린 양과 같은 상황으로 받아들였던지 그들을 찾아와 구원해주실 '선한 목자 예수'와 같은 주제의 그림이 많이 있다.

그런데 선한 목자 벽화 가운데 상당수의 선한 목자의 모습은 이방 예술의 모습과 기법을 사용하고 있다.[11)] 특히 칼리투스 카타콤의 선한 목자〈도판 11〉은 기독교와 이방의 고전문화를 혼합한 것으로, 헤라클레스*가 멧돼지를 잡아 어깨에 메고 오는 조각과 깊은 연계를 보인다〈도판 12, 13〉. 이 벽화를 제작한 개종한 로마인은 그리스 예술에 조예가 깊었던 것으로 어려움에 처한 자신을

* 헤라클레스: 그리스 신화에 나오는 최대의 영웅. 여신 헤라의 미움을 받고 발광하여 아내 메가라와 아들을 죽인 후 그 죗값으로 모험 여행을 하게 되나 아르고스 왕을 섬겨 용기와 지략으로서 어려움을 해결하고 위업을 이루었다고 한다. 후에 아내 데미아네이라의 곡해로 죽게 되었으나 승천하여 신들과 친구가 되었다.

10) Hans L. C. Jaffe, ed., *20,000 Years of World Painting*, Greenwich House Distributed by Crown Publishers, 1983. p. 83.

11) Bernard S. Myers, Trewin Coppleston, ed, *The History of Art with Twelve Hundred Illustrations*, Eeter Books, 1985. p. 191.

11
선한 목자.
칼리투스 카타콤, 로마.
3세기.

12
멧돼지를 어깨에 메고
오는 헤라클레스 청동상.

13
멧돼지를 어깨에 메고
오는 헤라클레스 대리석
조각.
27 B.C.~68 A.D.

찾아와 구원해주실 예수를 선한 목자 이야기를 통해 이해한 것으로 보인다. 그래서 선한 목자는 마치 10가지 노역을 통해 불사신과 같은 능력을 가진 헤라클레스와 연계되고, 조각으로 볼 수 있었던, 그가 에리만토스 산의 멧돼지를 잡아 어깨에 메고 오는 모습에서 그 구도와 특성을 살려내고 있다.

또 다른 선한 목자의 모습은 오른손 혹은 왼손에 팬 파이프(Pan-pipe)를 들고 있는 모습도 많이 있다〈도판 14, 15, 16〉. 이렇게 선한 목자가 팬파이프를 들고 있는 모습은 그리스 신화에 나오는 하프를 든 오르페우스* 신을 생각나게 한다[12]〈도판 17, 18〉. 이는 폭풍우를 막아내는 기적을 일으키고, 싸이렌섬의 마력을 벗어날 수 있도록 한 오르페우스의 하프 연주에서 오는 신비한 힘을 선한 목자도 가지고 있다는 것을 믿고 바라는 마음의 표시라 하겠다.

* 오르페우스: 그리스 신화에 나오는 시인이자 음악가. 아폴론에게 하프를 배워 그 명수가 되었는데, 그가 하프를 연주하면 맹수들과 초목까지도 매료되었다고 한다. 아내 에우리디케를 명부(冥府)에서 데려오고자 하였으나 하데스의 금령을 어겨 실패하였다.

14
왼쪽. 팬 파이프를 들고 있는 선한 목자 모자이크. Basilica Theodoriana, 아퀼레이아, 이탈리아. 4세기.

15
오른쪽. 팬 파이프를 들고 있는 선한 목자. 카타콤, 로마.

12) Bernard S. Myers, Trewin Coppleston, ed., *The History of Art with Twelve Hundred Illustrations*, p. 195.
Fabrizo Bisconti, *The Christian Catacombs of Rome*, (Schnell & Steiner, 2002), pp. 103~105.

16
팬 파이프를 들고 있는 선한 목자와 양들의 평화스러운 모습.
오른쪽 다리의 자세가 조각된 오르페우스 상과 비슷하다.
도미틸라 카타콤, 로마. 3세기.

17
오르페우스의 하프 연주.
대리석 조각.

18
항아리에 그려진 오르페우스의 하프 연주.

* 디오니소스 축제: 고대 그리스에서 행해졌던 축제. 디오니소스는 로마신화에서는 바쿠스라고도 하며 술의 신, 다산을 상징한다.

그리고 석관에 조각된 선한 목자의 경우, 그 배경의 포도나무 넝쿨과 많은 사람들의 모습은 술의 신, 디오니소스 축제*의 모습으로 표현되고 있다〈도판 19〉.[13] 말하자면 길 잃은 어린 양 한 마리를 찾기 위해 아흔 아홉 마리는 그 자리에 남겨두고 험난한 곳을 마다 않고 길 잃은 양을 찾아 기쁜 마음으로 돌아와 사람들을 불러 잔치를 벌인다는 성경의 이야기에서, 기쁨의 잔치가 벌어진 광경을 자신들의 문화인 포도주 축제의 모습으로 그린 것이라 하겠다.

19
선한 목자와 포도를 메고 있는 사람들.
대리석 조각, 로마. 4세기.

13) Bernard S. Myers, Trewin Coppleston, ed, *The History of Art with Twelve Hundred Illustrations*, Eeter Books, 1985. p. 191.

그리고, 예수가 열두 제자와 앉아 있는 모습은 철학자 소크라테스와 그의 제자들의 모습을 연상시키고〈도판 20〉, 죽은 지 사흘이 지난 "나사로를 살리시는 예수"에서, 죽은 나사로의 모습은 이스라엘의 동굴 장사법이 아닌 이집트에서 죽은 사람을 장례하는 미라 형태를 하고 있다[14]〈도판 21〉.

20
예수를 중심으로 제자들이 앉아 있다.
카타콤, 로마.

21
죽은 나사로를 일으키시는 예수.
나사로의 죽은 모습이 미라의 형태로 되어 있다.
성 베드로와 성 마셀리누스의 카타콤, 로마.
3세기 후반.

---

14) Bernard S. Myers, Trewin Coppleston, ed ., *The History of Art with Twelve Hundred Illustrations*, p. 192, 196.

또한 바울의 복장과 발 옆의 문서통은 그리스 철학자의 이미지를 살리고 있다.〈도판 22〉

22
바울이 두루마리 문서통 옆에 서 있다.
카타콤, 로마.

한편, 황제의 불의한 요구에 순종하지 않으므로 사자굴에 갇히었으나, 사자가 감히 믿음이 굳건한 그를 범하지 못하는 가운데 "사자들과 함께 있는 다니엘"〈도판 23〉의 모습은 고대 신화의 길가메시*와 같아[15]〈도판 24〉, 다니엘은 마치 길가메시를 죽이기 위해 보내진 신의 황소를 때려잡았다는 신화에서 보여지는 용기

* 길가메시: 고대 바빌로니아의 서사시에 나오는 초능력을 가진 주인공. 새 사료가 발견되어 실제 존재했던 지배자로서 역사성을 인정받기도 한다.

15) Bernard S. Myers, Trewin Coppleston, ed., *The History of Art with Twelve Hundred Illustrations*, p. 190.

23
사자굴 속의 다니엘.
라티나가도 카타콤,
로마.
4세기 중반.

24
길가메시가 신의 황소를 때려잡다.
대리석 조각.

와 능력을 부각하고 있다.

홍수 이야기에서 방주의 의미를 잘 새길 수는 없으나 하나님의 도움으로 홍수를 극복할 수 있었던 석관을 타고 있는 노아의 모습〈도판 25〉은 이방적 표현의 기도하는 사람(Orans)과 같은 표현을 하고 있다[16]〈도판 26〉.

25
석관으로 된 방주를 타고 있는 노아.
성 베드로와 성 마셀라누스 카타콤, 로마. 3세기.

26
기도하는 사람과 성모와 아기.
프리스실라 카타콤, 로마.

16) Bernard S. Myers, Trewin Coppleston, ed, *The History of Art with Twelve Hundred Illustrations*, Eeter Books, 1985, pp. 196~197.

이미지 활용의 구체적인 예를 들면, 조각된 큰 물고기 뱃속에서 "잠자는 요나"〈도판 27〉의 팔 모습은 달의 여신 셀레네(Selene)*의 사랑을 받는 양치기 미소년 엔디미온(Endimion)의 팔과 같은 모습임을 보여주는데〈도판 28〉, 이는 이방의 많은 조각에서 보여진 형태이다〈도판 29〉.

* 셀레네: 그리스신화에 나오는 달의 여신. 셀레네는 목동인 미소년 엔디미온을 사랑하여 영원한 젊음을 간직한 채 잠들게 하고는 그와의 사이에서 50명의 딸을 낳았다고 한다.

27
요나 이야기, 기도하는 사람, 철학자·선한 목자 등의 조각.
왼쪽에 누운 요나가 오른팔을 머리에 대고 있는 모습이 특이하다. 로마, 이탈리아, 270년.

28
왼쪽. 오른팔을 머리에 올리고 잠들어 있는 엔디미온(오른쪽 하단)을 찾아와 마차에서 내리는 달의 여신 셀레네(중앙).
대리석 조각, 로마.

29
오른쪽. 옛 조각의 일부분임. 오른쪽 팔의 모습이 유사함.

이와 같이 1세기에서 3세기 초반까지 로마의 카타콤에 그려진 벽화들 가운데 상당수가 성서의 주제를 그림으로 표현하는데 있어 그리스·로마 예술의 전형을 따르고 있음을 알 수 있다.

3) 카타콤의 벽화들

30
첫글자로 표시된 기독교의 상징문자와 닻.
칼리스토 카타콤, 로마.

31
작은 배.
구원의 방주를 상징.
카타콤, 로마.

32
물고기.
"하나님의 아들, 예수 그리스도, 구세주"의 상징.
카타콤, 로마.

33 성찬 생선과 그릇에 담긴 빵.
칼리스토 카타콤.

34
그리스도와 제자들.
벽화 아래쪽에는 뚜껑이 떨어져나가 시신의 잔해와 부장품들이 보인다.
카타콤, 로마.

예수의 세례. 요한에게 세례를 받고 나오는 예수의 머리 위에 비둘기 같은 성령이 함께 하심.
카타콤, 로마.
35

36
선한 목자. 카타콤, 로마.

37
어린 딸의 죽음을 '잃은 양'으로 생각하며, 선한 목자의 돌보심을 기대함. 칼리스토 카타콤, 3세기.

38
선한 목자.
새들의 모습이 부각되어 있다. '성령'이 새(비둘기)로 표현되는 경우가 많다.
프리스킬라 카타콤,
로마.
3세기 중반기.

39
우물가에서 사마리아 여인과 대화하는 그리스도.
라티나가도 카타콤.
4세기 중간기.

40
예수의 옷을 만지고 완치된 혈루병 여인.
카타콤, 로마.

41
나사로를 살리시는 그리스도. 비아라티나 카타콤, 로마.

42
성만찬. 프리스실라 카타콤. 로마.

43
아담과 이브의 추락.
두 사람 사이에 선악과로 보이는 나무가 있다.
성 베드로와 성 마셀리누스 카타콤.

44
좌우에 비둘기가 있고 아래쪽에 요나가 박나무 덩굴 아래 누워 뉘느에 성의 멸망을 기다리고 있다. 칼리스토 카타콤. 로마.

45
바다로 던져지는 요나.
성 베드로와 성 마셀리누스 카타콤,
로마. 4세기 후반.

46
이삭 제사 이야기.
중앙에 서 있는 아브라함 왼쪽에 불태워 바칠 불이 피워져 있고, 오른쪽에는 아들 이삭이 묶인채 무릎이 꿇려 있다. 아래쪽에는 땔감을 실어온 나귀와 하인이 서 있다. 카타콤, 로마.

47
사막의 바위에서 물이 나오게 하는 모세.
도미틸라 카타콤, 로마.

48
천정 중앙에 선한 목자, 우측에는 뉘누에 성 밖 덩굴나무 그늘 아래 누워 있는 요나, 좌측에는 아담과 이브, 아래쪽에는 기도하는 사람 등이 보인다.
카타콤, 로마.

49
선한 목자, 요나 이야기, 기도하는 사람들.
성 베드로와 마르셀리우스 카타콤의 천정화.
로마, 이탈리아, 4세기 초기.

50
중앙에 선한 목자, 우측에는 활활 타는 화덕 속에서도 살아나온 다니엘의 세 친구의 모습과 하단에는 서서 기도하는 사람, 우측에 아기 예수를 안고 앉아 있는 성모.
프리스실라 카타콤, 로마.

51
비아라티나 새 카타콤의 내부.
왼쪽에 '사자를 물리친 다니엘' 모습이 보인다.
로마, 4세기 중반기.

52
기독교 공인 이후 가이누스 교황(238~296) 기념실로 장식되었다. 성 칼리스토 카타콤, 로마. 380년.

53
지하 회랑 끝의 작은 예배 장소.
천정 중앙에 알파와 오메가 되시는 그리스도의 모습. 기독교 공인 이후 그리스도의 후광을 넣기 시작한다. 중앙에는 그리스도를 중심으로 베드로와 바울이 서 있고, 왼쪽은 모세가 지팡이로 바위를 쳐서 물이 나오게 하는 모습. 컴모딜라 카타콤, 로마.

54
선한 목자.
대리석 조각.
칼리투스 카타콤.

55
49쪽. 베드로와 바울 사이에 서신 그리스도.
성 베드로와 성 마셀리누스 카타콤, 로마. 4세기 후반기.

IOR
TIBVR
TIVS

56
교사이신 그리스도. 칼리투스 카타콤, 로마, 9세기.

57
왼쪽에는 책을 든 그리스도, 오른쪽 하단에는 세실리아 성녀의 조각이 보인다.
칼리투스 카타콤.

* 세실리아 성녀: 214년경 귀족의 딸로 태어나 진실한 신앙인으로 살면서, 순교한 가족의 재산을 모두 가난한 사람들에게 나누어 준 것에 분개한 알마치우스 총독이 그녀를 뜨거운 증기탕에 넣어 삶아 죽이려 하였으나 죽지 않고 며칠을 지내다 순교함. (230년)

58
동정녀이며 순교자인 세실리아 성녀 (모조품).
칼리투스 카타콤, 로마.

59
성모의 얼굴 [부분]. 컴모딜라 카타콤, 로마.

2. 두라-유로포스의 벽화

1) 두라-유로포스의 형성

유프라테스 강가에서 발굴된 옛 도시 '두라-유로포스'(Dura-Europose)*〈도판 60〉의 역사는 알렉산더대왕 시대로 거슬러 올라가, 기원전 303년 셀류커스에 의해 세워진 것으로 파악된다. 그 후, 이곳은 기원후 1세기에 이르러 페르시아 황제의 요새가 되었으나, 165년에 로마가 이곳을 점령하고 관리해 왔다. 그러나 256년경 페르시아 사산왕이 이곳을 공격해 왔다. 이때 로마군은 성곽 주변의 주거지역을 흙과 돌멩이로 메워 버렸다. 왜냐하면 이 지역의 지반이 약한 것을 페르시아군이 착안하여 성벽 아래로 지하 터널을 파서 성 안으로 쳐들어오는 것을 막기 위해서이다. 그 후 이 지역은 폐허가 되고 결국 버려져 잊혀지게 된 곳인데, 1935년에 이르러 발굴되게 되었다〈도판 61〉.

* 두라-유로포스: 시리아 동부, 이라크에 가까운 유프라테스강 하류의 살라히예에 있는 고대 도시. B.C. 300년 무렵 셀레우코스왕조 시조인 셀레우코스 1세에 의하여 건설되어 안티오키아와 셀레우키아를 연결하는 주요 도로를 방어하는 군사기지였다. B.C. 100년 무렵에 파르티아 왕국에 병합되어 동방과 안티오키아로 통하는 실크 로드의 요충지로서 팔미라와 더불어 번영하였다. 165년 로마 제국에 귀속하여 전선기지가 되었고, 257년경에 사산왕조 페르시아에 의해 도시가 파괴되기에 이른다.

60
지도상으로 본 두라-유로포스의 위치.

61
유프라테스 강변에 폐허가 된 두라-유로포스의 전경.

두라-유로포스에서 여러 종류의 신당들과 유대교 회당, 그리고 세례실이 갖추어진 최초의 기독교교회가 발굴되었다. 최초의 교회라고도 할 수 있는 예배당에도 벽화들〈도판 62〉이 있지만 그것들은 그 솜씨가 매우 거친데 반해, 길 건너 유대교 회당 안의 벽면들은 세련된 솜씨의 벽화들〈도판 63〉로 채워져 있었다. 그런데 이러한 모습은 유대교에서 회당에 그림을 그려놓는 것이 율법*에서 절대적으로 금지되어 왔다는 사실에서 볼 때 매우 특이한 경우이다.[17] 모든 서양미술사 서적에서는 이 벽화들을 초기 기독교 미술로 다루고 있다.[18]

* 유대교의 율법: 유대교의 율법은 법률과 같은 뜻으로, 신에 의해 교시된 규칙이며 계율의 일종이다. 유대교도는 모세 5경을 율법서라고 하는데, 그 중 특히 모세의 십계가 유명하다.

---

17) 필자는 다른 지역의 유대교 회당들에 관한 자료를 다양하게 살폈으나, 이스라엘 내외를 막론하여 이러한 벽화 혹은 도판이 있는 곳은 없었다.

18) Bernard S. Myers, Trewin Coppleston, ed, *The History of Art with Twelve Hundred Illustrations*, Eeter Books, 1985, p. 187.

62
교회의 세례당 내부.
두라-유로포스, 시리아.
3세기.

63
구약성서의 이야기를 주제로 그림을 그려놓은 벽면의 모습.
두라-유로포스, 시리아.
245~256년.

2) 두라-유로포스 벽화의 특성

* 두라-유로포스 유적의 미술사적 특성: 미술사적으로 유대교 · 그리스도교 · 미트라신 · 팔미라신 등의 각종 신전의 안벽을 장엄하게 하는 프레스코화가 많이 발견되고 있다. 선묘주의(線描主義) · 평판채색(平板彩色) · 정면성(正面性)을 특색으로 하고 있다. 이 추상적인 파르티아 회화는 헬레니즘과 고대 오리엔트의 미술적 전통을 절충한 것으로, 로마제국의 지배시대에도 계승되었고, 다시 비잔틴 미술의 원류가 되었다는 점에서 주목된다.

미술사적으로 볼 때, 두라-유로포스의 예술*은 기본적으로 페르시아의 예술을 이어받았다고 하는데, 이는 곧 동방 알렉산드리아의 예술일 것이다.[19] 그런데 이곳이 또한 오랫동안 로마의 지배하에 있었기에 이곳의 기독교 미술들은 제정로마 예술의 모티프와 상당히 친숙해 있다.[20]

이곳 회당에 있는 벽화 가운데, "모세의 홍해도하"〈도판 64〉의 경우, 그 전체적인 구성과 이미지는 로마에 있는 승리의 광장의 콘스탄틴의 승리의 아치를 표현한 듯 하다.[21] 그러나 이 벽화에 관한 또 다른 해석은 콘스탄틴대제보다 200여 년 앞서, 기원후 116년경 당시 로마의 트라얀 황제가 두라에 세웠을 승리의 아치와도 연계될 수 있다고 보고 있다.[22] 그래서 중앙의 불타는 덤불 앞에 서 있는 모세의 모습이 로마의 영웅 동상의 이미지를 그대로 보이고 있으며, 모세가 입은 옷(Toga)인 보라색 줄이 쳐진 옷은 권력을 가진 중요인물의 표시이고, 맨발은 거룩한 장소에 있음을 나타내는 로마의 전형적인 표시를 활용하고 있다.[23]

---

19) Bernard S. Myers, Trewin Coppleston, ed, *The History of Art with Twelve Hundred Illustrations*, p. 187.

20) Mary Stephanos, "The Jewish Community at Duro-Europos : Portrait of a People", *The Maryland Undergraduate Historical Journal*, May 2001, p. 1.

21) Bernard S. Myers, Trewin Coppleston, ed, *Ibid.*, p. 192.

22) Warren G. Moon, "Nudity and Narrative : Obserbvations on the Frescose from the Dura Synagogue." *Journal of the American Academy of Religion* LX, 4 (Winter, 1992), p. 590.

23) *Ibid.*, pp. 592~593.

64
모세가 홍해를 건너다. 오른쪽에 바다에 빠진 이집트의 군대가 보인다. 유대회당, 두라-유로포스. 시리아.

또한 다윗이 사무엘에게서 이스라엘의 왕으로 기름부음을 받는 구약 성서 이야기를 그린 벽화〈도판 65〉는 다윗이 마치 로마의 원로원*의 지명을 받은 것과 같은 구도로 사무엘 옆에 서 있다.

* 원로원: 고대 로마 공화정 시대의 입법자문 기관. 실질적인 지배 기관으로 내정과 외교를 지도하였다.

65
다윗에게 기름부어 왕으로 세우는 사무엘.
유대회당, 두라-유로포스. 시리아.

* 아프로디테: 그리스 신화에 나오는 미와 사랑의 여신. 바다의 거품에서 태어났으며 로마 신화의 베누스에 해당한다.

그리고 "모세를 강에서 건져냄"〈도판 66〉에서 물 안에 있는 바로의 딸인 애굽 공주의 모습은 고대 그리스 신화에 나오는 사랑과 미의 여신 아프로디테(Apherodite)*의 형상을 만든 조각들을 연상시키고〈도판 67, 68〉, 또한 아기 모세는 고대 그리스의 영웅 헤라클레스(Herakles)의 어린 시절의 모습이 지닌 그림들의 특질을 연계한 것이다[24]〈도판 69〉.

66
아기 모세가 구출되다. 이집트의 공주가 모세를 안고 있다.
유대회당, 두라-유로포스. 시리아.

67
크리도스의 아프로디테. B.C. 330년경의 프락시텔레스 원작을 로마시대에 모각한 것.

68
아프로디테의 모습.

69
뱀을 물리치는 어린 헤라클레스.

24) Warren G. Moon, "Nudity and Narrativ", p. 592, 595, 597.

70
에스더와 부림절.
왼쪽에 말에 탄 모르두개가 있고 오른쪽에는 아하수에로 왕 옆에 에스더가 앉아 있다.
유대회당, 두라-유로포스.

또한 "아하수에로 왕 앞의 에스더와 모르두개"〈도판 70〉 벽화는 그 시대의 동전에 새겨져 있었을 전형적인 로마의 승리 행진을 그대로 연상하게 한다.[25)]

그러나 이 벽화에 사용된 이방적 화법이 이방적 이데올로기를 축하(celebrate)하기 위한 것은 아니었으며, 그 속에는 또 다른 뜻이 숨겨져 있을 수 있다고 한다. 예를 들면, 모세의 출애굽*은 로마적 승리의 표현으로 애굽에서의 고난에서의 해방을 그리면서, 아울러 당시의 기독교인들은 현재의 로마로부터 받는 고난의 종식을 기원하는 바램을 함께 담을 수도 있었을 것이다.[26)]

* 출애굽: 이집트에서 노예로 살던 이스라엘 민족이 모세의 인도로 해방되어 나온 일.

25) Bernard S. Myers, Trewin Coppleston, ed, *The History of Art with Twelve Hundred Illustrations*, Eeter Books, 1985, pp. 594~595.

26) *Ibid.*, pp. 601~603.

3) 두로-유로포스 벽화들

71
회당의 서쪽벽에 있는 벽화들. 두라-유로포스, 시리아. 3세기 전반기.

72
회당 서쪽벽 중앙에 돌출된 토라 궤를 보관하는 벽감.
회당 서쪽벽.

73
모세 이야기. 강물에 떠내려온 모세를 발견, 왕에게 알림, 그리고 오른편 성문을 통해 모세의 미디안 도피를 상징적으로 묘사하고 있다.
회당 서쪽벽.

74
불에 타지 않는 떨기나무 옆에 서 있는 모세.
회당 서쪽벽.

75
출애굽 이야기. 모세가 홍해를 건너고 이를 쫓던 이집트 군대는 물에 빠져 있다. 회당 서쪽벽.

76
모세가 광야에서 물을
나누어 주다.
회당 서쪽벽.

77
아론의 성막과 제사장의
성별. 회당 서쪽벽.

78
과부의 아들을 살리는 엘리야.
회당 서쪽벽.

79
에스더와 부림절 벽화와 아래의 동물 표상.
회당 서쪽벽.

80
다윗왕과 신하들. 회당 서쪽벽.

81
예언자 이사야.
회당 서쪽벽.

82
예언자 예레미야.
회당 서쪽벽.

83
폐쇄된 성전의 모습.
회당 서쪽벽.

84
엘리야가 여호와께
제물을 드림.
회당 남쪽벽.

85
벱궤를 메고 요단강을 건너는 행렬.
회당 남쪽벽.

86
전쟁터로 법궤를 가져가다.
회당 북쪽벽.

87
에스겔의 환상 이야기. 해골과 뼈들이 다시 살아남.
회당 북쪽벽.

88
선한 목자. 교회 세례실.
두라-유로포스.

89
중풍병자를 고쳐주신 예수. 완쾌되어 자신이 실려왔던 침상을 메고 나간다.
교회 세례실.

90
물위를 걸어오신 예수와 배에서 물로 내려온 베드로.
교회 세례실.

91
황소를 죽이는 미트라스 조각. 미트라스 신전. 두라-유로포스. 시리아.

92
황소를 죽이는 미트라스 벽화. 미트라스교 신전. 두라-유로포스. 시리아.

93
아타르기스와 하다트의
부로아타르기스 신전.
두라-유로포스. 시리아.

94
아루스신의 부조판.
두라-유로포스. 시리아.

95
트라얀 황체의 행렬.
두라-유로포스.

96
사제와 배석자들. 팔미레네신들의 신전.
두라-유로포스. 2~3세기.

3. 달마티카와 초기 기독교인의 의복

1) 달마티카 복식

카타콤의 벽화 중 특이한 현상의 하나는 복장과 관련된 것이다. 아래 왼쪽의 모습은 “사마리아 여인과 예수”〈도판 97〉이다. 그리고 오른쪽은 “성모와 아기예수”로 추정된다〈도판 98〉. 로마 카타콤의 벽화에 나오는 사람들의 복장은 기본적으로 튜니카(Tunica)* 이지만, 가슴에서 아래로 색이 있는 띠가 쳐 있는 점이 특이한데 이러한 복장이 빈번하게 나타난다〈도판 99~107〉.

* 튜니카(tunica): 토가가 거창해지자 일상복으로 잘 입지 않고 속옷으로 입던 튜니카를 대신 일상복으로 입었다. 초기엔 두 장의 직사각형 천을 어깨와 양쪽 옆솔기를 진동선만 남기고 바느질하여 목둘레선을 일자로 트고 속옷으로 입었다. 후기엔 일자형 튜니카에 소매를 달아서 겉옷으로 입었다. 길이는 남자들은 보통 무릎 근처까지 오게 입고 의식 때는 길게 입었다. 여자들은 남자들보다 길게 발목까지 오게 입었고 뒤 목둘레선 중심을 T자로 트고 목둘레와 어깨 등에 장식을 하거나 튜니카 전체에 수를 놓기도 했다.

97
예수와 혈두병 여인.
카타콤 벽화.

98
성모와 아기예수.
3세기. 로마.
프리스킬라 카타콤 벽화.

99
예수와 제자들.
카타콤 벽화, 로마.

100
예수와 사마리아 여인.
라티나가도 카타콤, 로마.

101
모세. 도미틸라 카타콤. 로마.

102
아브라함과 이삭(위)과
그의 하인과 나귀(아래).

103
모세와 히브리 사람들.
라티나가도 카타콤.
4세기 중간기.

104
사도 바울.
카타콤 벽화, 로마.

105
예수.
성 베드로와 성 마셀리누스 카타콤, 로마.
3세기 후반.

106
노아.
성 베드로와 성 마셀리누스 카타콤.
로마. 3세기.

107
예수.
비아라티나 카타콤.
로마.

튜니카의 수직 띠는 카르비(carvis, carvus)라 불리운다. 그리고 이와 같은 형태의 옷을 '달마티카(Dalmatica)'라고 하였다. 서양 복식사에 따르면 이러한 디자인은 로마제국의 달마르시아(Dalmartia, 현재의 Croatia)지방의 기독교인들이 1세기경부터 즐겨 입기 시작하였다고 한다. 그리고 이 옷은 비록 로마식 디자인은 아니지만 기독교가 공인된 후 비잔틴시대의 전형적인 의복이 되었다.

> 로마제정의 전성기였던 1세기경부터 발달한 초기 기독교는 로마 복식, 나아가 서양 복식의 발달에 있어 매우 중요한 위치를 차지한다. 초기 기독교는 현세적인 로마인들의 종교관에 천국이라는 내세 관념을 불어넣음으로써 가난한 자유민이나 포로와 노예들 사이에 급속도로 전파되었다. 이들은 지방으로 다니면서 포교활동을 전개했는데, 종래의 드레이퍼리형 의상은 활동에 매우 불편했기 때문에 일반 로마시민과는 다른 소박한 복식 형태를 취하는 것이 기독교의 순교적 신앙심을 만족시켰을 것이라 생각된다. 313년에 콘스탄틴 대제에 의해 기독교가 공인되면서 달마티카(dalmatica)가 점차 귀족이나 성직자들의 대표적인 의복으로 변했고 비잔틴 제국을 비롯한 중세 유럽 복식의 기본형이 되었다. 즉, 달마티카는 본래 유고슬라비아 지방의 민속복으로써 고대의 드레이퍼리형 의복이 로마를 전환점으로 하여 로마의 영향을 받은 비(非)로마적 튜닉형으로 중세의 기본적인 의복이 되었다.[27]

이와 같이 달마티카는 유대지방이 아닌 유고슬라비아 지방의 옷으로 그 실용성과 소박성, 그리고 상징성으로 인해 제정로마 시절에 기독교인들이 선호하는 의복이 된 것이다. 한편 이 달마티카에는 또 다른 특징이 있다. 즉, 이 옷이 십자가 형상을 내포하

---

27) 정흥숙, 『서양복식문화사』 개정판, 16쇄, 교문사, 2007, 88~89쪽.

고 있는 것도 지적할 만하다고 하겠다.

> 달마티카는 직사각형을 반으로 접어서 양쪽 팔 밑을 직사각형으로 잘라내고 가운데 머리가 들어갈 부분을 一자나 T자, U자 또는 원형으로 파서 만들었다. 이 옷을 펴보면 십자가의 형태를 이루어 종교적 감각을 암시적으로 느낄 수 있다. 달마티카의 특징은 어깨부터 아랫단까지 그리고 소매 끝동에 클라비스(clavis, clavus)를 보라색이나 붉은 색으로 장식한 것이다.[28] 〈도판 108〉

108
달마티카 옷의 모양과 이 옷을 입은 남녀의 모습.

카타콤의 벽화뿐 아니라 두라-유로포스의 벽화 가운데 상당수가 이 달마티카라는 옷을 입고 있는 것을 보게 된다. 물론 이러한 형식의 옷은, 앞에서 언급된 바와 같이 기독교가 국교가 된 비잔틴시대에 더욱 많이 나타나는데, 이는 이 복식이 비잔틴시대의 귀족이나 성직자만 입을 수 있는 차별화되는 옷으로 발전되었기 때문이다.

28) 정흥숙, 『서양복식문화사』, 109쪽.

2) 유대 고유 복식

예수 당시의 유대사람들의 복장은 어떠하였을까? 현재 이집트와 그리스, 그리고 로마와 관련된 복식에 관한 자료는 많이 있지만, 2000년 전 유대의 복장을 바르게 확인하기가 쉽지 않다. 앞에서도 언급한 바와 같이 이스라엘은 형상을 그리거나 만드는 데 소극적이었기 때문이다. 어떤 이는 홈페이지를 열어 〈옛 이스라엘(Ancient Israel)〉의 복식을 나름대로 제시하고 있다.[29] 그 가운데 남자의 머리와 수염의 모습〈도판 109〉과 머리쓰개(head covering)를 사용한 모습〈도판 110〉은 다음과 같다.

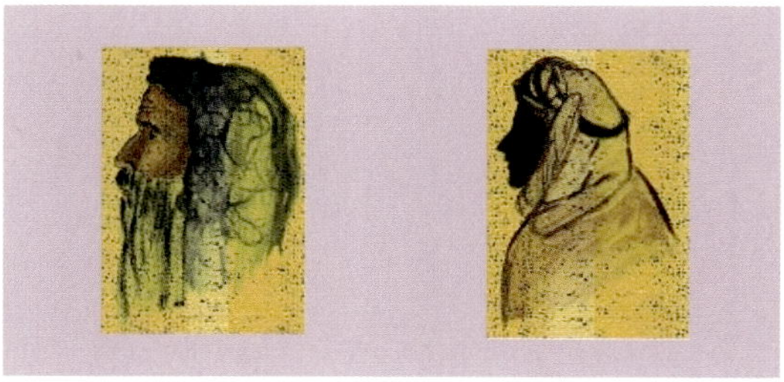

109
왼쪽. 고대 이스라엘인의 머리 모습.

110
오른쪽. 두건을 쓴 고대 이스라엘인의 모습.

근간에 이르러 성화로 예수의 〈최후의 만찬〉을 예수 당시의 모습으로 재현해 그리려는 시도들이 몇 차례 있었다. 실제로 최후의 만찬은 밤에 일어난 사건이지만, 레오나르도 다빈치는 밤을 낮으로, 무교병을 일상적인 빵으로, 의복은 팔레스타인의 옷이 아닌 것으로 〈최후의 만찬〉을 그리므로써 이제는 이러한 형태가 정형화되는 것 같은 상태이다.

화가 노라 켈리(Nora Kelly, 1995)는 팔레스타인의 문화와 역사 및 학술연구를 바탕으로, 〈최후의 만찬〉에는 예수와 제자들뿐만

* 레오나르도 다빈치: 이탈리아의 화가·건축가·조각가(1452~1519). 피렌체의 빈민 출신으로 화가, 군사 토목 고문 등의 경력을 쌓은 후, 프랑스 왕조에 6년간 초빙되었다. 예술 활동에서는 회화에 〈암굴의 성모〉, 〈성모자〉, 〈모나리자〉, 〈최후의 만찬〉 등을 그렸고, 자연 과학에서는 해부학·새의 비행 등에서 큰 업적을 남겼다.

29) Ancient Isrrael : Manners & Customs, <http://www.bible-history.com/>.

아니라 예수의 어머니와 제자들의 가족들도 참여했다고 보고 이를 표현해내었다[30]〈도판 111〉. 또한 팔레스타인계 유대사람인 보단 피아세키(Bohdan Piasecki, 1988) 역시 역사문헌과 복식 고증을 바탕으로, 유대인 남자들은 헤드 드레스와 양모로 만든 긴 튜닉과 숄을 걸치고 여자들의 머리는 완전히 덮는 형태의 유대인 전통 복장을 찾아 그렸다[31]〈도판 112〉.

* 튜닉: 역사적으로는 고대 서양의 남녀가 입었던 소매가 없는 헐렁한 옷으로, 속옷과 겉옷을 겸했으며, 그리스의 키톤이나 로마의 튜니카가 이에 해당되고 그 명칭도 여기서 비롯된 것이다.

111
최후의 만찬.
노라 켈리 작.
1995년.

112
최후의 만찬.
보단 피아세키 작.
1988년.

한편, 성경에 관한 이론과 고고학적 연구를 지속해 온 예루살렘에 있는 성경자원연구소(Biblica Resources Study Center)의 짐 플레밍(Jim Fleming) 박사는 최후의 만찬에 관한 연구를 바탕으로

30) 안혜정, "'최후의 만찬'에 표현된 복식에 대한 연구", 홍익대학교 석사논문, 2005. 5, 84쪽.

31) 위의 책, 83쪽.

그 재연행사를 1999년에 기획하여 이를 회화로 남겼다. 이 고증에서 아이템은 튜닉이나 로브가운이며 다양한 문양과 색채로 이루어졌으며, 고트라, 터번 등을 착용한 것이 보단 피아세키와 다르다[32] 〈도판 113〉.

113
최후의 만찬.
성경자원연구소.
1999.

3) 초기 기독교인의 복식

앞에서 살펴본대로 고대 이스라엘의 복식에는 어떤 옷에도 카르비가 없다. 반면에 제정로마시기의 벽화에 그려진 예수의 모습의 상당수는 머리카락이 짧으며, 턱에는 수염이 없으며, 카르비가 있는 옷을 입고 있다는 점이다. 따라서 성화의 복식은 처음부터 전통 유대 복식이 아닌 당시의 복식 중에서 선택하여 그려진 성화가 많다는 것으로, 성화 복식의 한 주류는 선교 초창기부터 로마의 한 지역에서 입기 시작한 옷을 채용하는 토착화가 진행되었다고 하겠다.

물론 이러한 입장에 대해 두라-유로포스의 유대회당 벽화 가운데 상당수가 달마티카를 입고 있는 점을 들어 이 옷이 유대인들의 전통 복장이 아니겠는가 하는 의문을 가질 수 있다〈도판 114~120〉.

---

32) 안혜정, "'최후의 만찬'에 표현된 복식에 대한 연구", 홍익대 석사논문.

114
모세.
두라-유로포스.

115
모세.
두라-유로포스.

116
사무엘.
두라-유로포스.

117
엘리야와 이스라엘의
제사장들.
두라-유로포스.

118
엘리야를 돕는 사람들.
두라-유로포스.

119
이사야.
두라-유로포스.

120
에스겔과 유대인.
두라-유로포스.

그러나 이러한 복장을 한 그림이나 벽화는 유대의 어느 곳에도 없고, 유대 이외 지역의 어느 회당에도 없다. 두라-유로포스의 유대회당 벽화에 관한 연구에 의하면, 기원후 2~3세기에 두라-유로포스에 있는 여러 종교의 신전들이 서로 개종자를 얻기 위해 경쟁하게 되었고 그 과정에서 건물도 새롭게 개축하고 당시의 예술가를 고용하여 벽화를 그리게 한 것으로 설명되고 있다.[33)]

비록 카타콤과 두라-유로포스는 서로 엄청나게 멀리 떨어져 있는 장소이지만 로마제국의 동일한 영토이기에 박해시대의 기독교인 간의 소통은 여러 형태로 진행되었고, 그 시대의 의복이 갖는 상징성은 서로의 연계성을 나타내는 공통분모가 될 수 있다고 보여진다. 따라서 달마티카는 유대의 전통 복장과 무관하다 하겠다. 또한 이 '달마티카'가 유대인의 전통의복일 수 없는 점을 설명할 수 있는 자료들이 발견된다.

---

33) Rachel Hachili, *Ancient Jewish Art and Archaeology in the Diaspora*, Koninkijke Brill, 1998, p. 405 ; Clark Hopkins, *The Discovery of Dura Europos*, ed. Bernard Goldman. Yale university Press, 1979, pp. 142~143, 146.

우선, 카타콤의 벽화 중에 삼손*이 당나귀뼈를 들고 팔레스틴 사람들을 쫓아내는 모습〈도판 121〉이 있는데, 삼손과 팔레스틴 사람 모두가 달마티카를 입고 있다는 것이다. 따라서 여기에서의 달마티카는 일반 사람들의 옷 이상의 종교적 권위나 민족적 구분의 기준이 될 수 없음을 알게 된다.

* 삼손: 구약성서에 나오는 이스라엘의 마지막 판관이자 전설적 영웅이다. BC 11세기경 괴력을 지니고 태어났다. 20년간 이스라엘을 지배하였으나 여색에 빠져 불레셋인의 앞잡이인 데릴라의 꾐에 빠졌다.

121
당나귀 뼈를 휘두르며 불레셋을 위협하는 삼손. 비아라티나 카타콤. 로마.

그리고 기원후 2세기에 그려진 것으로 파악되는 기독교인이라는 확증이 없는 수염을 기른 한 젊은이의 미라 초상〈도판 122〉이 카이로 근처 묘지에서 발견되고, 같은 시기의 이집트소년의 미라 초상〈도판 123〉에도 달마티카가 나오며, 3~4세기의 것으로 보이는 금박편에 유리를 입힌 수염을 기른 사람의 둥근 초상〈도판 124〉에도 '달마티카'를 입고 있는 모습이 나온다.

122
왼쪽.
수염이 있는 젊은이의 미라 초상.
파이윰, 이집트. 2세기.

123
중간.
소년의 초상.
납화법으로 그린 패널화.
파이윰, 이집트.
2세기경.

124
오른쪽.
수염이 있는 남자의 초상.
로마, 1~2세기.

따라서 달마티카는 제정로마시대의 한 복식의 형태로 이 복식이 당시에 누구나 착용할 수 있는 평범하고 편리한 옷이라는 점을 기반으로, 이 옷이 갖는 감추어진 상징성이 이 시대 기독교인들이 선호할 만하다고 하겠다. 그래서 당시에 개종한 이방인 예술가들은 예수와 성서의 인물들을 표현할 때 달마티카를 즐겨 사용한 것으로 파악할 수 있다.

§ 2 부

비잔틴시대의 기독교 미술

중세를 시기적으로 명확하게 정의하기가 쉽지 않은 것 같은데, 통상 5~10세기를 비잔틴(Byzantine)시대, 11~12세기를 로마네스크(Romanesque)*시대, 그리고 13~14세기를 고딕(Gothic)시대로 나누고 있다.

* 로마네스크: 고딕에 앞서 서유럽에서 성행한 기독교 미술 양식. 게르만 민족과 고대 로마, 고대 오리엔트의 요소를 포함하고 있는 양식으로, 1075~1125년에 절정에 달했고 12세기 중반에 고딕 양식으로 발전하였다. 특히 석조 성당의 둥근 천장, 창, 입구 등에 반원 아치를 많이 사용한 건축 양식에 특징이 있다.

그러나 이 장에서는 기독교가 공인되는 시기부터 시작하려고 한다. 왜냐하면 박해와 억압을 받던 시기의 미술과 공인된 후의 미술은 급격하게 달라질 수 있기 때문이다. 그래서 여기에서는 기독교 공인 이후의 미술에서 시작하여 비잔틴 미술에 해당되는 경우에는 12세기 초까지도 포함하였다.

로마에서 기독교가 공인되기 이전의 그리스도인들은 함께 예배드리고 기도하며 성찬을 나누기 위해서 카타콤에서 모이거나 개인 집에서 모여야만 했다. 배척과 박해 속에서 자체의 건물을 지을 수 없었던 것은 너무나도 당연하다. 그러나 313년 기독교가 공인된 이후의 상황은 급진적으로 변했다. 교회는 새롭게 그 지위를 확보하였기 때문이다.

330년 로마제국이 수도를 로마에서 콘스탄티노플로 옮기기로 결정하게 된 것은 군사적 상황의 변화에 기인한다고 하겠다. 당시 로마제국은 소위 야만족의 침략에 대한 압력이 계속 증가되는 상태였는데, 로마를 방어하는 대부분의 병력은 야만족의 용병에 크게 의존하고 있었 기 때문이다. 따라서 수도인 로마는 통치하고 방어를 하기 위한 행정적 군사적 수도로서의 위치가 적절치 않다고 판단되었다. 반면에 콘스탄티노플은 전략적인 면 뿐 아니라 경제적 중요성도 크게 인지되고 있었던 점을 좌시할 수 없었다.

한편, 로마제국이 서로마*와 동로마**로 분리됨에 따라 두 종류의 기독교 문화가 생겨나게 된다. 로마에 중심을 둔 서로마는 고대로마의 영향을 받고 있었던 반면, 동로마 혹은 비잔틴의 기독교는 콘스탄티노플에 중심을 둠으로써, 그리스·헬레니즘의 동방문화의 영향을 주로 받게 되었다.[34)]

박해 속에서 이루어졌던 미술과, 자유롭게 표현할 수 있게 된 시대의 미술의 모습은 사뭇 다르다. 이 책에서는 서양미술사를 더 듬어가며 이 시기의 건축, 미술, 조각에 관하여 그 변화와 발전과정을 토착화의 관점에서 원리를 추론하고자 한다. 이러한 과정을 통해 이스라엘의 역사와 문화를 배경으로 하는 경전을 기반으로, 유대인이었던 예수를 온 세상의 구세주로 믿고 따르기 시작한 기독교가 그리스·로마 문화 속에 어떻게 정착하는가를 살피려는 것이다. 먼저 중세 기독교와 성화에 관해 간략하게 적고, 계속해서 이 시기의 건축에 관해 살핀 후, 회화와 조각에 관하여 기술하고자 한다.[35)]

* 서로마: 395년 테오도시우스 1세(재위 379~395)의 사망으로 로마제국이 동·서로 분열되었을 때 호노리우스(384~423)가 계승하여 476년까지 계속한 서반부의 제국(이탈리아·에스파냐·북아프리카).

** 동로마: 로마 황제 테오도시우스 1세의 사망 이후 동·서로 분열된 중세 로마제국 중 동로마제국(330~1453). 그리스도교의 종주국 자리를 지키며 동지중해의 신학, 학문, 문화의 중심지 역할을 하였다. 또한 동유럽제국의 역사적 초기에 그리스도교 포교를 통하여 그 문화적 기초를 준비하였으며, 재건이 막 시작된 동시대의 서유럽에 정치적·문화적 교섭을 통하여 계속 영향을 끼쳤다.

---

34) 비난트 클라쎈, 『서양 건축사』, 심우갑, 조희철 공역, 대우출판사, 2000, 75쪽. (참고: 영향의 주체와 관련하여, 이를 로마문화가 헬레니즘에 영향을 끼친 것으로 설명하기도 한다.)

35) 이 글은 미술이라는 전문 분야이기에, 번역서를 인용하여 서술을 하는 경우 따옴표(“ ”)를 생략한 인용 표시를 하기도 하였다.

♦ 중세 기독교의 성화 인식

콘스탄틴 대제에 의해 기독교가 공인(313년)되고 수도를 비잔티움(Byzantium)으로 옮기면서(330년) 기독교가 국가종교로서의 위치를 굳혀가기 시작하자 기독교의 예술 활동은 그 나름대로 활로를 찾으며 창의적 세계를 열어 갔다. 이러한 조류를 비잔틴시대의 시작으로 부르게 되었다. 비잔틴 미술(5세기~10세기)은 기본적으로 희랍의 미(예)술이 동방의 예술과 접하며 새로운 창의적 조화의 세계를 연출해나간 것으로 평가된다.

이러한 상황 속에서 일단의 문제가 발생한다. 마르세유지방의 주교 세레누스(Serenus of Marseilles)는 당시 성상과 그 이미지들이 다양하게 개발되고 점차로 이것들이 사람들에게 숭배되는 것을 못마땅하게 여긴 나머지 기원후 600년을 전후하여 그 성상들을 파괴해 버리고 계속해서 대대적으로 성상파괴운동*을 주도해나가게 된다.

* 성상파괴운동: 8-9세기 동방 정교회에서 성화상(이콘) 공경이 금지되고 성상을 파괴한 운동이다. 이는 비잔틴 제국을 양분시켜 내전을 초래하였으며 로마 교황청은 이를 비난하고 성상파괴논쟁이 일어났다.
이 운동은 비잔틴 황제의 간섭에서 벗어나고자 했던 교황청에 좋은 명분을 제공하였으며, 다른 요인들과 함께 결국 동서 로마교회의 분열, 즉 기독교가 동방 정교회와 로마 가톨릭으로 서로 갈라서는 최초의 교회 분열로 이어졌다.

이에 대해 당시의 교황 그레고리우스 1세(Gregorius I, 재위 590~604년)〈도판 125〉는 세레누스 주교에게 두 번의 편지를 보내, 성상을 함부로 파괴하지 말라고 권고 및 지시를 내리게 된다. 첫 편지에서 그는 성당의 벽화들이 성서의 사건들이나 성자의 모범을 그림으로 표현함으로써 글을 읽지 못하는 절대다수의 문맹인 신자들이 신앙에 대해 배울 수 있는 기회를 제공한다고 쓰고 있다. 이는 성상에 대해 긍정적인 측면을 강조하고 있는 것이다.[36)]

그러나 세레누스 주교가 이에 아랑곳 안 하고 성상파괴를 계속하자, 600년 10월 세레누스 주교에게 두 번째 편지를 보내게 된다. 이 편지에서 교황 그레고리우스 1세는 세레누스 주교를 강하

36) 손호현, "도판은 '빈자의 성서'(*biblia pauperum*)인가? : 그레고리우스 1세의 기독교 예술교육론", 『기독교 교육정보』, 제14집, 한국기독교 정보학회, 2006. 6, 283쪽.

125
교황 그레고리우스 1세 (590~604년 재위).

게 질책하며 좀 더 분명하게 기독교 예술의 교회 안에서의 역할에 대해 다음과 같이 강조하고 있다.

> 그림을 숭배하는 것과 그림의 이야기를 통해 숭배되어져야 할 것을 배우는 것은 서로 다른 일입니다. 책이 그것을 읽을 수 있는 자들에게 제공하는 것을, 그림은 그것을 눈으로 볼 수 있는 무지한 자들에게 제공합니다. 그림을 통해 읽지 못하는 자들도 그들이 모범으로 따라야 하는 것을 보게 되고, 그림을 통해 읽지 못하는 자들도 읽을 수 있게 됩니다. 따라서 이방인들에게는 그림이 독서의 역할도 합니다.[37]

이와 같은 교황 그레고리우스 1세의 글을 읽지 못하는 사람들을 배려하는 교회의 예술에 대한 분명한 입장 표명은 교회가 신앙교육을 위해 예술을 사용하는 것을 적극 권장한 것으로, 그레고리우스 1세가 직접 표현한 말은 아니지만, 성화들은 "빈자(貧者)의 성서"(*biblica pauperum*)[38]라고 널리 알려지게 되었다.

---

37) 손호현, "도판은 '빈자의 성서'(*biblia pauperum*)인가? : 그레고리우스 1세의 기독교 예술교육론", 『기독교 교육정보』, 제14집, 한국기독교 정보학회, 2006. 6, 288쪽에서 재인용.

38) Celia M. Chazellle, Picture, books and the Illiterate : Pope Gregory I's letters to Serenus of Marseilles, *Word & Image*, vol. 6, no. 2. 위의 책에서 재인용.

1. 교회 건축의 특성

기독교와 관련된 건축의 기원을 거슬러 올라간다면, 구약시대와 유대교에 관련지을 수 있고, 예루살렘 성전과 안식일의 예배와 교육을 위해 도시마다 세워진 유대교회당(Synagogue)이 있다고 하겠다. 초기 기독교인들이 활동한 제정로마시대에는 박해로 인해 공적인 건물을 사용할 수 없었음은 주지의 사실이다. 그래서 카타콤이나 개인 가정집을 사용할 수밖에 없는 형편이었다.

한편 두라-유로포스에는 일반 주택을 개조한 예배처소가 발굴된 바 있다. 이 경우 집안을 두루 나누어 집회를 하는 방, 세례방, 그리고 견신례를 갖는 방들로 구분하여 그 용도에 맞도록 최소한으로 개량하거나 개축하여 사용한 것으로 확인된다.

그러나 로마의 기독교인들은 최초로 교회를 건축함에 있어, 바실리카*의 사각형을 기반으로 한 형식과, 영묘의 원통을 기반으로 한 형식을 기본으로 발전시켜 나갔다고 하겠다. 이 장에서는 이상의 두 형식을 대표하는 초창기 교회 건축으로 "성 사비나 성당"과 "성 코스탄자 성당"을 중심으로 그 건축의 형식과 의미를 살피고자 한다.

* 바실리카: 로마시대의 법정이나 상업거래소·집회장으로 사용된 건물이다. 교회건축 형식의 기조를 이루었고 로마네스크와 고딕식 성당 건축에 영향을 미쳤다.

1) '성 사비나'와 '성 코스타나' 성당

기독교가 공인된 후부터는 로마를 중심으로 '기념'하기 위한 교회건축이 서서히 발전하기 시작한다. 처음의 교회들은 그 건축의 출발점을 당시의 장엄하고 화려하게 발전된 이교도적 문화인 그리스나 로마의 신전 형태를 택하지는 않았다. 왜냐하면 교회는 신전처럼 신의 거주지가 아니라, 하나님을 믿는 사람들의 집을 의미했기 때문이다.[39] 기독교인들은 우선적으로 당시 공공집회용으로 설계된 건축양식에 관심을 갖게 되었는데, 이는 고대 로마의 바실리카로 이 중에서도 '바실리카 울피아(Basilica Ulpia)'〈도판 126, 127, 128〉가 모델이 되었다고 한다.

126
바실리카 울피아의 남아있는 기둥들. 로마.

127
바실리카 울피아의 내부 복원도.

39) 클라쎈, 『서양건축사』, 75쪽.

128
바실리카 울피아의 외관 복원도.

이러한 출발은 기독교 교회의 건축이 이교도의 종교적 건축은 아니지만, 속세적 이교도 건축에 그 근원을 두고 있다고 하겠다. 이는 적어도 공인된 초기 기독교의 바실리카식의 교회인 직사각형의 건물 형태에 관해서만은 확실히 그렇다. 다만 제단을 위해 앱스*(apse)가 한쪽에 부착되어 있는 직사각형의 건물로. 형태상으로 볼 때 통로로서 해석되는 직선에 기초하고 있다.[40)]

* 앱스(apse): 교회당 끝에 내민 반원형 부분.

'성 사비나(Santa Savina, 422~432년경)[41)] 성당'〈도판 129, 130, 131〉과 '바실리카 울피아'(Basilica Ulpia, 122년)를 비교하면, 두

40) 클라센, 『서양 건축사』, 75쪽.
· 여기에서의 직시각형이 일반적 바실리카와 다른 점은, 당시 로마의 일반적 바실리카가 가로축이 긴 직사각형으로 넓은 쪽을 입구로 사용하는데 비해, 기독교의 교회는 세로축이 긴 직사각형으로 좁은 쪽을 입구로 택하고, 긴 회랑을 따라가 맞은편 끝에 제단을 설치하는 형태로 바꾸었다.

41) 사비나는 로마의 벤디넨시오라는 마을 근처에서 살았는데, 그녀의 하녀인 안티오키아 세라피아의 인도로 그리스도교에 입교하였다고 한다. 이들은 하드리아누스 황제(재위 117~138년)의 박해 때에 순교하였는데, 126년경에 세라피아가 먼저 신앙을 고백하고 순교하였고, 이어 사비나도 순교〈도판 131〉하여 빈디시아누스 공원 근처에 있는 파우스티니 문쪽에 묻혔다고 전해진다. 한편 5세기경 교황 첼레스티누스 1세(재위 422~432년) 때 일리리아의 베드로 신부는 로마의 아벤티노 언덕에 성당을 세워 이를 사비나 성당이라 하였고, 6세기경에는 성녀 사비나 성당이라고 불려졌다.

가지 변화가 있음을 알 수 있다. 우선 그 스케일을 인간적 크기로 끌어내렸고, 다음으로 두 개의 앱스 중에 하나를 제거하고 입구를 긴 면에서 짧은 면으로 옮긴 것이다. 이는 "초인간적이고 정적인 로마의 공간을 인간적이고 동적인 공간으로 바꿈으로써 예수를 상징하는 제단을 향한 통로를 따라 모든 요소들에 방향성을 부여하였다"[42) 하겠다.

129
성 사비나 성당의 내부 모습. 로마, 이탈리아. 422~432년.

42) 클라쎈, 『서양건축사』, 76쪽.

130
성 사비나 성당의 외관. 로마. 422~432년.

131
왼쪽. 사비나가 순교하기 전 고통을 당하는 모습의 성화.

132
오른쪽. 디오클라티누스 황제 궁전 뜰의 열주량. 페리 스타일: 건물이나 앞마당을 둘러싸고 늘어선 기둥양식.

앞에서 언급된 두 가지 변화의 기조를 살피면, 당시의 기독교인들이 그때까지 발전된 그리스와 로마의 문화로부터 최선의 요소들을 선택한 것이기도 하다. 즉 그들은 "그리스 문화로부터 인간적 스케일을 탁월하게 이용하는 방법과, 아테네의 아크로폴리스*의 외부 공간에서 구현되고 있는 동적인 특성을 배웠다". 그리고 "로마문화에서는 그리스에서 발전시키지 못했던 내부 공간에 대한 의식을 받아들였다".[43)]

* 아크로폴리스: 그리스 도시국가(都市國家)의 중심지에 있는 언덕.

내부 공간에 대한 변화 가운데 가장 인상적인 것은 코린티안 기둥으로 된 두 줄로 늘어선 열주량이다. 물론 이 형식은 완전히 창안된 것은 아니고, 디오클레티아누스 황제(284~305년 제위) 궁

43) 클라쎈, 『서양 건축사』, 76쪽.

전 뜰에 축성된 페리스타일(Peristyle, 건물이나 앞마당을 둘러싸고 늘어선 기둥들)〈도판 132〉이 응용된 것이라 하겠다. 즉, 야외에 축성한 구조물의 형태를 실내에 설치하고 그 위쪽에 아치 형태의 클리어스토리(clerestory) 창을 통해 조명을 함으로써, 복도는 비교적 어둡게 보이는 세속적 공간을 상징하고, 상부의 밝은 부분은 초월적인 천상의 이미지를 구현하고 있다. 또한 이 열주랑의 연결 형태는 당시 기독교적 이미지와 연계된다. 그래서 마치 사람들이 손에 손을 맞잡음으로써 연대감을 표시하고, 존경심, 평화, 그리고 사랑의 표현으로 서로에게 인사하고 있는 사람들의 모습으로 해석할 수 있게 한다.[44)]

비난트 클라센은 이러한 '성 사비나 성당'이 보여주는 건축적 의미에 관해 다음과 같이 설명하고 있다.

> 성 사비나 성당 내부의 단순하고 직접적인 형태는 무엇보다도 기독교인의 인생여정이 모든 면에서 완전히 예수를 지향하고 있다는 개념이 표출된 것이다. 어두운 아래쪽의 속세의 공간은 밝은 위쪽의 하늘의 공간과 대조를 이룬다. 그러나 아랫 부분 역시 벽면이 기둥과 아치에 의해 천공되어 있음으로 해서 이미 비물질화되어 있다. 따라서 이 교회의 근본적인 의도는 비물질화와, 세상의 빛인 예수를 상징하는 특별한 조명 방식을 통해서 영적인 공간을 실체화시키는 것이다.[45)]

---

44) 클라쎈, 『서양건축사』, 77쪽.

45) 위의 책, 78쪽; Helper Gardner, *Art Through the Ages*, 7th edition, Harcourt Brace Jovanovich, 1980. 217쪽에서는 구 성 베드로 성당 건축에 관한 설명에서도 영적인 세계의 이미지 창출을 위한 "비물질화" 시도에 관해 지적함.

다른 한 형태의 교회는 마르티리움(martyrium, 순교자 기념성당)으로서 그 형태가 원형이 됨으로써 중앙 집중적인 특성을 갖고 있다. 이러한 구조 역시 고대 로마에 근거를 두고 있다. 이것은 황제의 영묘(mausoleum)로서 그 중에서도 스팔라토에 있던 디오클레티아누스 황제의 궁전(The Palace of Emperor Diocletian, 284~303년) 〈도판 133〉에 있는 영묘가 모델이 되었다고 할 수 있다.[46] 이를 좀 더 거슬러 올라가면 그리스 미케네*의 벌집형 무덤이라고 불리는 아틀레우스 보고(The Treasure of Atreus, B.C. 1250)의 묘실 내부〈도판 134, 135〉가 그 원형이 될 수 있다.[47]

* 미케네: 미케나이(Mykenai)라고도 한다. 미케네문명의 중심지로 BC 1400~B.C. 1200년경까지 번영을 누렸다.

133
디오클라티아누스 황제의 궁전 모형도.
중앙부 우측의 팔각형 뾰족지붕이 영묘이다.
스팔라토, 284~303년.

134
왼쪽, 벌집형 무덤 입구.
미케테, 그리스.
1300~1250 B.C.

135
오른쪽, 벌집형 무덤의 둥근 내부 천정 모습.

46) 클라쎈, 『서양 건축사』, 70, 75쪽.

47) 위의 책, 32-33쪽.

성 코스탄자(Santa Costanza, 로마, 345년경) 성당〈도판 136, 137〉은 본래 콘스탄티누스 황제의 딸을 위한 영묘로서 지어진 것인데, 그 개념상 순례자가 묻힌 지점을 표시할 의도로 지어졌던 '마르티리움'의 건물 형태를 하고 있다. 세례당 역시 중앙집중적 형태로 되어 있으며 주 교회 옆에 부속되어 있는 경우가 통상적이다. 이러한 성 코스탄자 성당 건축 형식의 근원을 따지자면, 미케네의 '벌집형 무덤'까지 거슬러 올라갈 수 있으며, 로마의 푸울

136
성 코스탄자 성당 내부 모습.
로마, 이탈리아.
337~351년.

(pool)로 둘러싸인 욕장의 원형건물, 혹은 후기 로마 황제의 영묘를 생각할 수 있다.[48)]

* 판테온: 만신전(萬神殿)의 뜻으로, 로마에 있는 로마 시대 신전을 이르는 말. 기원전 27년에 아그리파에 의하여 창건되었다가 불타 없어진 것을 115~125년 무렵에 하드리아누스제가 재건한 것으로, 로마 시대의 대표적인 건축물이다. 지름과 높이가 각각 44.5미터인 돔(dome)을 가지고 있으며 현재는 사원이나 능묘로 쓰이고 있다.

성 코스탄자 성당과 그 영감의 원천의 하나인 로마의 '판테온'*과 비교해볼 필요가 있다. 판테온의 특징은 명암의 대조가 없이 정적이고 중앙집중화된 공간이다. 이 공간은 엄청나게 육중한 벽과 둥근 지붕(cupola)에 의해 구획되고 있다. 이 신전 안에 들어가 보면, 이 거대한 공간에서 인간은 건축물과 무관하게 소외된 왜소한 존재가 된다.

이와는 대조적으로 성 코스탄자 성당의 휘어진 작은 입구 부분의 벽면은 사람들을 안쪽으로 친절하게 맞아들이는 것 같다. 또한 건물 내부로 들어가면 원을 이루고 있는 쌍기둥을 접하게 되는데, 이들은 터널 볼트로 씌여진 원형의 통로를 돌아다닐 때 동반자가 된다. 이러한 2중의 움직임은 공간을 매우 동적으로 만들어 놓음으로써 판테온의 정적인 공간과는 대조를 이룬다.[49)]

성 코스탄자 성당의 단면을 보면 바실리카의 공간적 배치를 중앙집중식 건물에 적응시킨다는 혁신적 개념을 실체화하고 있다. 또한 세로로 긴 바실리카에서처럼 회랑(ambulatory)이 반쯤 어둡게 남아 있는데 반해 중앙은 빛으로 넘쳐흐르고 있다. 그리고 회랑의 볼트 부분에 되어 있는 화려한 모자이크는 풍부한 자연주의를 보여주고 있는데〈도판 138〉, 이는 아직도 이교도적인 정신이 영향을 미치고 있음을 암시한다.[50)]

---

48) 클라쎈, 『서양건축사』, 32~33쪽; Helper Gardner, *Art Through the Ages*, p. 218.

49) 위의 책, 78~79쪽.

50) 클라쎈, 『서양건축사』, 78~79쪽.

137
성 코스탄자 성당 외부 모습.

138
성 코스탄자 성당 내부 둥근 천장의 모자이크. 로마, 이탈리아, 337~351년.

비난트 클라센은 성 코스탄자 성당이 지닌 건축적 의미에 관해 다음과 같이 기록하고 있다.

> 성 코스탄자 성당의 중앙집중적인 내부의 공간은 천상의 돔이라는 영적인 주제를 상징하고 있다. 세상의 빛으로서의 예수는 성 사비나 성당에서보다 이곳에서 더욱 강력하게 표현되고 있다. 이 주제는 동적이면서도 평온하며, 율동적이면서 유연한 건축으로 표현되고 있다. 성 코스탄자 성당은 하나의 점을 중심으로 공간이 배열되어 있기 때문에 특별한 인물, 즉 성인이 묻힌 곳, 하늘과 땅이 만나는 장소임을 표현하고 있다.[51)]

직선적 평면을 중심으로 한 성 사비나 성당과, 원형적 평면을 통해 중앙집중식 구조를 갖는 성 코스탄자 성당이 넓은 의미에서 비잔틴 초기의 두 양식을 대표하는 교회 건축의 기본이 되었다면, 그 후 여러 세기를 걸쳐 교회건축은 이들을 각각 발전시켜 나가면서도 양자를 통합해 가는 모습으로 변화해 간다고 하겠다.

비잔틴 건축으로서의 특성이 있는 교회건축은, 라벤나에 세워진 '성 아폴리나레 누보(Apollinare Nuovo) 성당'〈도판 139〉과 클라세(Classe)에 있는 성 아폴리나레 성당〈도판 140〉, 그리고 성 비탈레 성당〈도판 142, 143, 144〉과 우르시아 바실리카 성당의 부속 세례당〈도판 141〉이라고 하겠다.[52)] 또 이 두 양식은 532년에서 537년 사이에 콘스틴티노플에 건축된 '성 소피아 성당'*〈도판 145, 146〉에서 절묘한 조화를 이루고 있다.[53)] 그리고 이러한 특징들은 베니스의 성 마가 성당〈도판 147〉에도 이어지고 있다.

* 성 소피아 성당: 콘스탄티누스 황제가 창건하고 유스티니아누스 황제가 재건하여 537년에 완성한 비잔틴 양식의 대표적 건축물이다.

51) 클라쎈, 『서양건축사』, 78쪽.

52) 위의 책, 82~85쪽.

53) 위의 책, 86~88쪽.

2) 비잔틴 교회들

139
성 아폴리나레 누보 성당의 내부. 라벤나, 이탈리아.
504년 봉헌됨.

140
성 아폴리나레 클라세 성당.
라벤나, 549년.

141
우르시아 바실리카 성당
부속 세례당.
라벤나,
이탈리아. 458년경.

142
성 비탈레 성당 내부.
라벤나, 이탈리아.
526~547년.

143
성 비탈레 성당 외관.

144
성 비탈레 성당 내부.
라벤나, 이탈리아.
526~547년.

145
하기아 소피아 성당. 이스탄불, 터키.
532~537년.

146
하기아 소피아 성당 내부. 이스탄불, 터키.
532~537년.

147
성 마가
성당 내부.
베니스,
이탈리아.
1063년~

3) 신전의 교회화

로마를 대표하는 건축물의 하나인 로마의 판테온(Pantheon, Temple of all gods, 萬神殿)은 기원전 27년에 당시 고대 로마의 집정관 아그리빠(Agrippa)가 건축하여 국교의 일환인 태양계의 일곱 신들에게 바쳐진 신전이다.

그러나 이 신전은 60년에 발생한 로마의 대화재*로 인해 다른 건물들과 함께 소실되었다. 그 후 125년 당시 하드리얀(Hadrian) 황제가 이 신전을 재건축하고 새로 만든 전면에 "*M·AGRIPPA·L·F·COS·TERTIVM·FECIT*" (마루쿠스 아그리빠, 루치우스의 아들, 그의 3번째 집정기에 세워짐)라고 새겨 놓았다〈도판 148, 149〉. 그 이후 이 신전은 로마제국에서 다양하게 그 역할을 하게 된다.

* 로마의 대화재: 60년 7월 18일 로마에서 일어난 대화재이다. 기름창고에서 우연히 일어난 작은 화재가 시내에 번지면서 대화재로 악화되었다. 이때 일부 과격 세력이 소수 세력이었던 기독교인에게 화재 책임을 돌려 탄압하였다.

148
판테온 신전 전면.
로마, 이탈리아.
118~125년.

149
공중에서 본 판테온 신전.

그러나 609년에 이르러 비잔틴 황제 포카스(Phocas)는 이 건물을 교황 보니페이스(Boniface) 4세에게 넘겨주었다. 교황은 신전의 내부 장식을 새롭게 하여 성모 마리아와 순교자들(*Santa Maria ad Matyers*) 교회로 봉헌하여 지금까지 내려오고 있다〈도판 150〉.

150
교회로 바뀐 판테온 신전의 내부 모습.

151
안토니우스 피우스 황제와 화우스티나 황후를 신격화 한 조각. 천사가 이들을 등에 태우고 하늘을 날고 있다.
대리석 조각.
로마, 이탈리아. 161년.

또한 안토니우스와 화우스티나(Antonius & Faustina) 신전은 141년 당시 황제 안토니우스 피우스(Antonius Pius)가 죽은 자기 부인 화우스티나(Faustina)를 신격화하고 그녀에게 봉헌하였다. 그 후 안토니우스 피우스 황제가 죽자 그의 계승자 마르쿠스 아우렐리우스(Marcus Aurelius)*는 안토니우스 피우스 황제를 신격화하였다〈도판 151〉. 그리고 161년에 이 신전을 안토니우스와 화우스티나에게 합동으로 재봉헌하였다〈도판 152〉.

그러나 7세기경에 이 신전은 성 로렌초(San Lorenzo in Miranda) 교회로 바뀌게 되었다. 이는 이 장소가 258년 당시 발레리안(Valerian) 황제의 혹독한 기독교 박해 때, 씩스투스(Sixtus) 교황을 보좌하며 가난한 사람들을 돕는 행정 책임을 맡았던 안수집사 로렌조(Lorenzo)가 이곳에서 불에 달궈진 쇠 난로 위에서 화형을 당한 장소〈도판 153〉라는 사실이 밝혀졌기 때문이다. 그래서 교황청에서는 그 신전의 현관 기둥을 그대로 두고 공간을 추가시켜 성 로렌초 기념 교회로 사용하였다〈도판 154〉.

* 마르쿠스 아우렐리우스: 5현제의 마지막 황제로, 후기 스토아파의 철학자이다. 안토니우스 피우스 황제의 양자가 된 후 140년 로마의 집정관이 되었고, 145년 안토니우스의 딸(사촌누이)과 결혼, 161년 안토니우스의 뒤를 이어 로마 황제로 즉위하였다.

152
안토니오 화우스티나 신전의 전면 기둥들.

153
로렌초가 화형당하기 전에 심문을 받는 성화.

154
안토니오 화우스티나 신전의 전면 기둥에 덧붙여 지어진 성 로렌초 성당.

이 밖에도 꼭 신전은 아니라도 신전과 유사한 역할을 한 건물이 교회로 바뀐 것으로 파악되는 것은 마케도니아 지역 데살로니가에 있는 하기오스 게오르기오스(Hagios Georgios)이다〈도판 155〉. 이 원형건물은 4세기 초 갈레리우스 황제의 명령으로, 개선 아치와 궁전의 순환구조로 지어진, 거대하고 기념비적인 무덤인 마우솔레움(mausoleum)으로 지어진 것으로 보인다. 그런데 이 건물이 언제 어떻게 교회로 바뀌고 내부에 모자이크로 성화들을 장식〈도판 156, 157〉하였는지 알 수 없다고 한다.[54)]

155
하기오스 게오르기오스 성당 외관.
데살로니가, 그리스.
4세기 초.

54) John Lowden, *Early Christian & Byzantine Art*, 『초기 그리스도교와 비잔틴 미술』, 임산 역, 한길아트, 1998, 11~16쪽. 이 성당은 1591년 이후 이슬람교도들의 예배장소가 됨.

156
하기오스 게오르기오스 성당 내부.
데살로니가, 그리스.
4세기 초.

157
성 오네시포로스와 성 포르피리우스.
하기오스 게오르기오스 성당 내부의
모지이크. 데살로니가, 그리스.
4세기 초.

2. 모자이크 벽화와 인물화의 특성

1) 모자이크 벽화의 특성

비잔틴 회화의 기반은 모자이크 벽화라 하겠다. 기독교 공인 후 거대한 성당이 이곳 저곳에 세워지게 되니 성당마다 내부에 장대한 벽면이 생겨나게 되고, 이제 그 벽면에 적절하면서 당당한 성화가 필요하게 되었다. 그래서 모자이크 기법에 고도의 기능을 갖춘 사람들이 모집되었고, 이들은 카타콤시대의 벽화를 참고하여 새로운 예술 형식으로서 위대한 모자이크 벽화를 만들어 내게 되었다.[55)]

모자이크의 기원을 살펴보면,[56)] 모자이크가 최초로 발견된 곳은 기원전 4세기경 마케도니아*의 궁정도시 에게(Aegae)의 가정의 실내 장식으로 사용된 것인데 이는 점차 그리스의 주택과 로마인들의 거주지(부리튼에서 두라-유로포스에 이르기까지)의 바닥재로 다양하게 사용되었다〈도판 158, 159, 160〉. 이 모자이크 기법은 점차 로마의 건축가들에 의해 호화스러움을 뽐내는 실내장식으로 발전되었는데, 네로황제는 도무스 아우레아(Domus Aurea)를 64년에 지으면서 벽 표면과 천정을 모자이크 기법으로 장식하였다 한다〈도판 161〉. 바꾸어 말하면, 비잔틴 회화의 기본 소재는

* 마케도니아: 발칸반도의 중부, 즉 그리스·불가리아·마케도니아의 3국에 걸친 지역. B.C. 5세기에 마케도니아 왕국이 일어나 알렉산드로스 대왕의 헬레니즘제국으로 발전하였으나, 그가 죽자 곧 붕괴하였다. BC 2세기부터는 로마제국의 속주(屬州)가 되고, 4세기부터는 비잔틴제국의 속주가 되었다.

55) H.W. 잰슨, 『서양미술사』, 이일 편역, 미진사, 1984, 62쪽.

56) Wikipedia, *The Free Encyclopedia.*

소아시아에서 시작되어 그리스와 로마인들이 화려한 문양을 나타내는 것으로 발전시킨 모자이크를 기본으로 하는 것으로, 당대의 장식재를 교회 안으로 끌어들여 성스러운 이미지를 표현하는데 사용한 것이다.

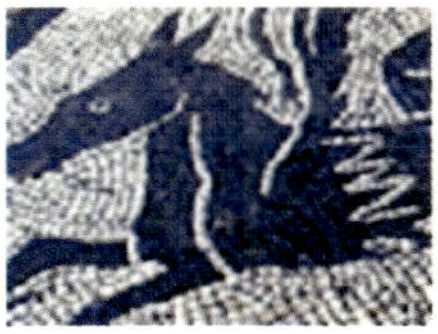

158
왼쪽.
모자이크 문양.

159
오른쪽. 새 모양의 마룻바닥. 모자이크 문양.

160
왼쪽. 정교한 문양의 마룻바닥 모자이크.

161
오른쪽. 네로 황제의 황금저택 천정 모자이크.

그러나 차이점이 있다. "이교시대의 로마에서도 여러 가지 색의 돌 조각으로 제작된 마룻바닥 모자이크를 볼 수는 있으나, 그리스도교 시대의 모자이크는 색유리를 불에 구운 것이다. 색유리 파편이 색조의 농담을 충분히 표현할 수 없기에 채색화에는 미치지 못했지만 장식 또는 새로운 종류의 벽화에 많이 사용되었다." 그리고 "색유리 파편은 대리석 파편과 달리 금색을 포함한 강렬하고 풍부한 색채를 지니고 있었기에 획일적인 벽면의 단조로움을 깨는 작은 반사경과 같은 역할을 해내어 반사되는 광선으로 반

짝거리는 스크린과 같은 것으로 변모시키고 있다."[57]는 것이다.

물론 기독교 모자이크 화가들은 모자이크의 "전래의 기법을 몇 가지 답습하였지만 통상적인 체험의 세계와는 크게 다른 초자연적인 피안의 세계를 표출했다."[58] 또한 둥근 천정과 또 이들의 교차되는 돔* 천정이 많아짐에 따라, 그 전체를 융화하는 디자인이 필요하고 이를 통해 벽화의 새로운 경지를 열게 된 것이다.[59]

* 돔: 반구형으로 된 지붕.

기독교의 성화를 그린 초기 모자이크 벽화는 그 표현에 특징이 있다. "복잡한 동작을 단순화시키고 속기술에서 사용하는 것과 같은 생략법을 사용하고 있는 것이다. 이는 도구나 배경뿐 아니라 시각적 생략법으로 군중을 포도송이 같은 머리의 집합으로 그리기도 한다"[60]〈도판 162〉. 이러한 생략법을 사용한 데는 그 나름대로 이유가 있다.

> 그리스도교 미술가들은 명료한 삼차원의 물리적 현실을 표현하는 데에 별로 흥미를 가지고 있지 않았다. 또한 서술성을 증가시키는 극적인 동작이나 사소한 사항에도 별다른 흥미를 가지고 있지 않았다. 따라서 이들의 작품을 보는 사람들은 처음부터 작품이 담고 있는 이야기를 잘 알고 있을 것이 필요하게 된다.[61]

---

57) H.W. 잰슨, 『서양미술사』, 62쪽; Bernard S. Myers, Trewin Coppleston, ed., *History of Art with twelve Hundred Illustrations*, Exeter Books, 1985, p. 223.

58) H.W. 잰슨, 『서양미술사』, 63쪽.

59) Mayers, ed., *History of Art with.*, p. 241.

60) H.W. 잰슨, 『서양미술사』, 62쪽.

61) 이를 표현한 대표적인 예로 저자는 로마 성 마리아 맛지오래 성당에 430년경에 제작된 모자이크 벽화, "롯과 아브라함의 이별"을 들고 있다. 『서양미술사』, 63쪽.

162
롯과 아브라함의 헤어짐.
로마, 이탈리아.
432~440년.

바꾸어 말하면, 초기 모자이크 화가들은 그 그림을 통해 전하려는 뜻 혹은 성서의 내용만 상기시키는데 초점을 맞추고 그 이외의 회화적 요소나 기술을 과감하게 생략하기도 하였다는 것이다.

비잔틴 시대의 모자이크 벽화의 변화 과정을 살펴보면 크게 두 단계로 나눌 수 있다. 즉, 726년 성상 금지령*이 발단이 되어 1세기 동안 그 발달이 중지되었던 것을 기준으로 하여, 전반 황금기에는 '영원성과 신성'이 부각된다고 할 수 있는 반면에, 후반의 제2 황금기(860~1200년)에는 전기에 나타난 정신화된 인간미의 이상에, 고전주의를 훌륭하게 조화시킴으로써, 그리스·로마 미술의 인간성과 육체적 우아함이 덧붙여진다고 하겠다.[62]

* 성상 금지령: 초기 그리스도교에서는 성화상 숭배가 이단시되었으나, 4세기경부터 성상숭배의 관습이 생겨나 점점 유행을 하였다. 이에 대한 반대는 신성 단일론적 경향이 지배적이던 동방에서 강하였는데, 레오 3세는 신학상의 이유와 수도원을 억압하기 위한 정치적 목적에서 726년 교회 내 성상파괴를 명령하였다.

62) H.W. 잰슨, 『서양미술사』, 65쪽.

2) 인물화의 특성

기독교가 공인된 후부터 공적으로 예수의 품격이 달라질 수밖에 없게 된다. 초기 카타콤에서의 예수는 교사나 철학자의 모습으로 그려졌다. 그러나 공인 이후 한동안은 어떤 방향이 없이 다양한 모습을 띠기도 한다. 한 예로, 선한목자 예수는 태양신으로서의 아폴로*나, 로마화 된 동방적 관점의 '정복될 수 없는 태양'(Sol Invictus, the Unconquered Sun)[63]으로 이해되어 태양마차를 끌고 가는 분이 되기도 한다〈도판 163〉.

* 아폴로: 그리스 신화의 광명 · 의술 · 예언 · 가축의 신.

그러나 점차 예수의 자태는 하늘과 땅을 다스리는 분으로서의 권세와 위엄을 갖추신 모습으로 정착되어 간다. 로마의 성 프덴지아나 성당의 제단 모자이크(402~17년)를 보면, 그 내용이 로마적인 것을 기반으로 함으로써 기독교를 로마제국적인 것으로 간주케 한 듯한 인상을 주기도 한다. 즉 예수님은 하늘의 예루살렘을 배경으로, 황제가 입는 자주색과 금색의 옷을 걸치고 황제의 옥좌에 앉아 교회를 통치하시는데, 그 양 옆으로는 황제의 원로원 수행자처럼 사도들이 계급순서로 배석하듯 자리를 잡고 있다[64]〈도판 164〉.

그리고 북쪽 벽 모자이크, 최후의 만찬(The Last Super)에서 예수님과 12제자들이 반원형을 그리며 그릇에 담긴 물고기를 가운데 두고 서로 기대앉은 모습은 로마사람들이 즐겨 앉는 모습 그대로를 연출하고 있다[65]〈도판 165〉.

---

63) Helper Gardner, *Art Through the Ages*, pp. 219~220, (Detail of a vault mosaic from the mausoleum of the Julii, Rome, 250~75년.).

64) *Ibid.*, p. 220, ; Myers ed., History of Art, p. 215.

65) Myers ed., *History of Art*, p. 225.

163
태양(마차)를 타고 가는 그리스도.
성 베드로 교회 아래에 있는 영묘 천정 모자이크. 로마, 이탈리아, 3세기 후반.

또한 5~6세기 라벤나의 '성 아폴리나 누보'(St. Apollinare Nuovo)의 남쪽 벽면의 모자이크, "순교자들의 행진"(The Procession of Martyrs)〈도판 166〉은 마치 로마의 군대가 황제를 향해 나아가는 승리의 행진(a triumpal procession) 모습을 순교자들의 모습으로 배열하였으며, 이를 벽에 띠처럼 장식해놓았는데, 이러한 벽 띠 장식방법은 그리스 파르테논 신전*〈도판 167〉의 조각 장식을 응용한 것이다[66]〈도판 168, 169〉.

* 파르테논 신전: B.C. 479년에 페르시아인이 파괴한 옛 신전 자리에 아테네인이 아테네의 수호여신 아테나에게 바친 것으로서, 도리스식 신전의 극치를 나타내는 걸작이다.

한편, 5세기 라벤나의 정교회 세례당〈도판 170〉과 아리안 교회 세례돔〈도판 171〉의 중앙 천정에 둥글게 배치한 사도들의 행렬 모습의 전조들(Forerunners)이 있다. 이러한 구도는 이집트 12궁도(Egyptian Zodiac)의 원형의 행렬(the circular processions)〈도판 172〉에서 착안한 것으로 보인다.[67]

164
옥좌에 앉으신 그리스도와 그 주위에 제자들이 좌우로 자리하고 있으며 뒤편 골고다 언덕 위에 승리의 십자가가 서 있다. 산타 프덴치아 성당. 로마, 4세기 후반.

66) Helper Gardner, *Art Through the Ages*, pp. 224~25.

67) Mayers ed., *History of Art*, p. 230, 241.

165
최후의 만찬.
그리스도 옆에 베드로가, 그리고 반대편에 가롯 유다가 앉아 있는 모습이다.
이는 통상 13사람의 로마인들이 앉는 것 같이 보인다.
성 아폴리나레 누보 성당, 라벤나, 이탈리아, 6세기.

166
순교자들의 행렬.
성당의 중간벽을 따라 천사들이 호위하는 옥좌에 앉으신 그리스도를 향해 순교자들이 열을 지어 서 있다.
성 아폴리나레 누보 성당, 라벤나, 이탈리아, 5~6세기.

167
파르테논 신전.
그리스 아테네,
447~438 B.C.

168
파르테논 신전의 프리즈(신전 내부에 띠 모양으로 장식한 부분)에 조각된 장년 남성들과 젊은 여성들의 모습.
그리스 아테네,
447~438 B.C.

169
황족의 행렬.
평화의 제단.
로마, 이탈리아,
13~9 B.C.

170
세례를 받으시는 그리스도를 사도들의 행렬이 둘러싸고 있다.
정교회 세례당, 라벤나, 이탈리아, 5세기.

171
세례를 받으시는 그리스도.
아리안 교회 세례돔.
라벤나, 이탈리아.

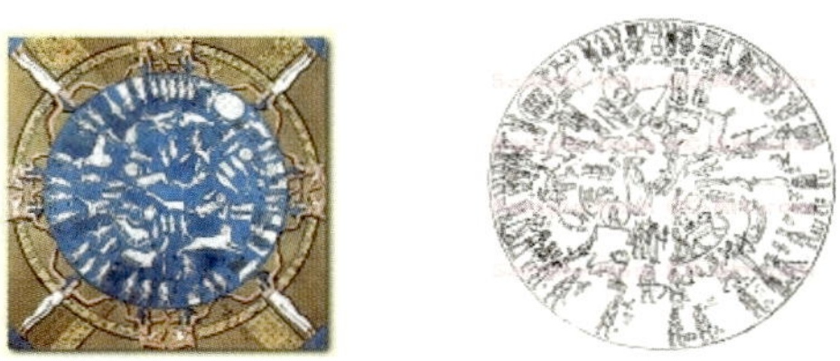

172
이집트의 12궁도.

성화에서 성모의 얼굴을 어떻게 표현하는가는 매우 중요한 의미를 갖는데 이는 그 이미지가 그 품격을 상징하게 되기 때문이다. 6~7세기에 로마의 프란체스카 로마나 성당의 목판 밀랍화, "성모자(聖母子)"〈도판 173〉에서 성모의 얼굴을 살펴볼 필요가 있다. "하트형의 얼굴, 작은 입, 가늘고 긴 코, 큰 눈의 얼굴 모습은 천상적인 미의 이상을 나타내고 있는데, 이와 같은 밀랍화의 수법과 명암에 의한 모델링은 로마의 초상화와 관련을 보여주고 있다."[68]〈도판 174〉

한걸음 더 나아가, 이 인물상이 보는 사람에게 강한 인상을 주는 이유는 그 엄밀한 기하학적 화면 구성에 연유하는 바 크다. 이 화면의 구성은 초기 그리스도교 또는 비잔틴 미술*에는 결코 찾아볼 수 없는 위풍을 작품에 부여하고 있다.[69]

한편, 얼굴 모습과 연관하여, 「예술의 역사」(*History of Art*)에서는 라벤나 성 비탈레 성당의 벽화 유스티니안 황제와 테오도라 황후〈도판 175〉의 얼굴 모습에 대해 다음과 같이 밝힌다. 고상하고 큰 눈을 가진 얼굴과 장려한 색상으로 표현된 무표정하나 살아있는 초월적인 존재로 보이는 모습은, 기본적으로 2세기의 미라관에 그려진 초상화 수법을 반영〈도판 176〉한 것으로 이를 통해 비잔틴의 영성(Byzantine Spituality)을 개발하였다고 본다.[70]

비잔틴 미술의 조각품에도 그 기본 모형이 고전에서 온 것으로 지적되는 것들이 있다. 그 중에 하나의 예를 들면, 6세기 초에 상아로 만들어진 둘로 접는 제단의 조각장식이다. 그 한쪽 면에는

* 비잔틴 미술: 그 시대적·지리적 위치로, 고대 헬레니즘 미술의 뒤를 이어 그 전통에 고대 아시아의 전통과 사산왕조 페르시아의 영향 등을 더하고, 신흥 그리스도교를 정신적 기초로 새로운 에너지를 가지고 흥륭하였다. 또한 이슬람 미술과도 어느 정도 교류하면서, 약간의 시대적 변화와 어떤 종류의 일관성을 가지고 10세기 동안이나 계속하였다. 이처럼 비잔틴 미술은 고대 이집트 미술과 함께 생명력이 있는 미술로 평가되고 있다.

---

68) H.W. 잰슨, 『서양미술사』, 68쪽.

69) 위의 책.

70) Mayers ed., *History of Art*, p. 229, 242.

위엄이 있는 "대천사 미가엘*"이 조각되어 있다〈도판 177〉. 우선 여기의 "대천사 미가엘"(대영박물관 소장)은 그리스·로마 미술의 날개달린 승리의 여신상의 후예로 평가되고 있다[71]〈도판 178, 179〉.

* 대천사 미가엘: 일곱 수호신 가운데 하나이다. 헤브라이어로 '하느님과 같은 자는 누군가'라는 뜻이다.

173
왼쪽. 성모자 부분.
성 프란체스카 로마나 성당, 로마,
6~7세기.

174
오른쪽. 로마 여성의 초상화 중 하나.

175
왼쪽. 테오도라 왕후.
라벤나, 이탈리아.
547년.

176
오른쪽. 미라관의 초상화.
카이로 근처, 2세기.
Artemidorus.

71) H.W. 잰슨, 『서양미술사』, 67쪽.

177
성 미가엘 천사장,
둘로 접는 상아판의 조각.
6세기 초.

178
전함 위에 서 있는 승리의 여신 니케의 조각상.
Samothrace, 그리스. 190 B.C.

* 니케: 그리스 신화에 나오는 승리의 여신으로 로마의 신화에 빅토리아에 해당된다.

179
날개를 가진 거인 알키오네오스(Alkyoneos)와 싸우고 있는 아테나.
페르가몸의 제우스 신전.
터키, 175 B. C.

* 아테나: 그리스 신화에 나오는 지혜·예술·학문·전술 등의 여신.

그런데, 이 조각에서 대천사 미가엘이 서 있는 공간은 현세의 공간이 아니고 오히려 공중에 떠 있는 것처럼 보인다. 계단 위에 있는 발의 위치를 자세히 살펴볼 필요가 있다. 이러한 자태는 중세 벽화의 한 특징이라 할 수 있는 추상적이고 상징적인 것이다.

그래서 동방 기독교의 미술은 로마의 변방으로 고대 메소포타미아의 심장부라고 할 수 있는 유프라테스 강 서쪽 뚝방에 소규모의 수비대가 주둔하는 소도시 두라-유로포스와 관련이 있다고 본다.

두라-유로포스에는 유대교 회당과 교회 그리고 많은 종교들의 신전들이 있었는데, 그 가운데 팔미레네 신전(the Temple of Palmyrene Gods)의 벽화의 한부분인 사제들과 시종들(Priests with Attendant, 2~3세기)의 정면을 향해 서 있는 세 사람의 자태가 매우 특이하다. 〈도판 180〉 이들의 입고 있는 옷은 질감을 느끼기보다는 선이 부각되고, 몸짓은 느리게 의식을 진행하는 것 같은데 장중한 느낌을 준다. 각 사람의 모습은 각각 수직적인 면이 강하여 서로가 분리된 것 같은 인상을 풍긴다. 모든 사람들은 마치 공중에 정지해 있는 상태로, 무게감이 없으며, 그들의 발들은 바닥을 딛고 있는 것인지 아닌지 모호한 관계로 설정되어 있다.[72]

이 발들의 상태는 이보다 3~4세기 후(6세기)에 만들어진 상아에 조각된 앞에 있던 대천사 성 미가엘을 연상케 한다.[73] 기독교의 도그마가 정립되어 가며, 실체를 상징적으로 해석하는 이런 형태가 점점 더 선호되고, 또한 평면적이고, 장식을 하며, 추상적인 "비잔틴" 스타일 (두라-유로포스의 벽화와 같은 근동의 작품들에

---

72) Helper Gardner, *Art Through the Ages*, p. 227.

73) Helper Gardner, *Art Through the Ages*, p. 226.

뿌리를 둔)이 기독교 미술을 지배하게 된다. 물론 서양 환각법(幻覺法, Illusionism)이 집요하고도 반복적으로 재생되지만, 그 변화는 6세기 중반에 가서야 어느 정도 완성된다.[74)]

이러한 예를 547년 이탈리아 라벤나의 '성 비탈레 성당'의 모자이크, "유스티나 황제와 시종들"〈도판 181〉과 "테오도라 황후와 시종들"〈도판 182〉의 모습에서 잘 볼 수 있다.[75)]

한편, 11세기 말 모나스터리 교회에 그리스 다프니가 만든 모자이크, "그리스도의 책형(磔刑)"〈도판 183〉을 살펴볼 필요가 있다. 이 모자이크를 볼 때 우리는 제1 황금시대의 모자이크에서 강조된 영원성이, 비잔틴 미술의 제2 황금시대에는 신성에 고전 미술의 인간성과 육체적 우아함이 덧붙여지고 있는 것을 확인할 수 있다.[76)]

---

74) 위의 책, p. 227 ; Mayers ed., *History of Art*, p. 242.

75) 위의 책, pp. 236~237 ; Mayers ed., *History of Art*, p. 242.

76) 『서양미술사』(66쪽)와 *Art Through the Ages*(pp. 246~248)에서는 이를 "perfect synthesis with Byzantine piety and pathos"라고 표현하고 있다.

181
141쪽 위. 저스틴 황제와 막시무스 감독 그리고 보좌진. 성 비탈레 성당. 2~3세기.

180
사재와 배석자들. 팔미레네 신들의 신전. 두라-유로포스, 2~3세기.

182
141쪽 아래. 테오도라 황후와 시종들. 성 비탈레 성당, 라벤나, 이탈리아, 547년.

MAXIMIANVS

183
십자가에 못박힌 그리스도. 도미티션(Dormition) 다프니(Daphni).
그리스, 1090~1100년.

3) 모자이크 벽화들

184
여리고 성 점령.
여호수아의 군대가 여리고 성을 에워싸고, 성벽이 무너지고 있다. 성 위에 서 있는 사람은 이 성을 염탐한 사람들을 감추어준 라합으로 보인다.
산타 마리아마기오래 성당, 로마, 5세기 초.

185
빵과 물고기의 기적 이야기(오병이어).
성 아폴리나레 누보 성당. 라벤나, 이탈리아. 504년.

186
네 개의 아치가 조화를 이루는 천정에 그리스도를 상징하는 어린양을 중심으로 천사가 사방에 호위하고 서 있다. 성 비탈레 성당, 라벤나, 이탈리아. 526~547년.

187
성 비탈레 성당,
라벤나,
이탈리아,
526~547년.

188
양들 가운데 서 있는 성 아폴리나레, 성 아폴리나 성당 앱스.
라벤나, 이탈리아, 533~549년.

189
예수의 변모.
성 캐서린 수도원, 동정녀 교회, 시내산, 이집트, 565년.

190
〈성모〉 모자이크 일부, 하기야 소피아, 이스탄불, 867년.

191
하기아 소피아 성당 돔. 모자이크.
이스탄불, 터키.
885년경.

192
예수 그리스도와 황제.
모자이크.
하기아 소피아 성당.
9세기 말.

193
성모자.
유스티니아누스 황제와
콘스타티누스 황제.
모자이크.
하기아 소피아 성당.
이스탄불, 10세기 초.

194
성모자. 나무판에 모자이크. 동방정교회 총대주교관. 이스탄불, 터키, 1060년.

195
강렬한 인상을 나타내는 모자이크 화법으로 무덤을 밟고 선 그리스도가 죽었던 의로운 자를 일으켜 세우시고 있다.
성 마가 성당, 비엔나, 이탈리아, 1180년.

196
그리스도 판토크라토르(Pantocrator), 테오토코스(Theotokos), 그리고 아기 천사들과 성자들.
몬리엘 성당, 몬리엘, 이탈리아, 1180~1190년.

3. 후광과 채색사본의 특성

1) 후광(後光, halo)의 기원과 변천

비잔틴 미술의 중요한 변화와 특징 중의 또 다른 하나는 '후광'이다. 비잔틴시대부터 등장하기 시작한 후광은 그 후 현대에 이르기까지 다양한 모습으로 계속 사용되고 있다는 점에서 기독교 미술, 특히 회화에 있어서 더할 수 없이 중요하다고 하겠다〈도판 197〉. 후광을 통해 하늘의 인침을 받은 인물을 구별할 수 있기 때문이다. 이 후광의 형태 역시 그 여건에 따라 다양하게 변화 발전하고 있다.

미술사적으로 볼 때, 후광이 작품에 처음 등장하는 것은 1~2세기에 청동으로 만들어진 인도 간다라의 보살상이다[77]〈도판 198〉. 간다라의 조각품들은 의상 면에서 그리스와 로마의 영향을 받은 것으로 보인다.[78] 후광을 갖고 있는 2~3세기의 작품으로서는 붉은 사암으로 만든 부처상이 있다[79]〈도판 199〉. 이러한 후광은 단순한 원반형으로 시작하여 정교한 문양을 새겨놓기도 하다가 광배*로 발전한다〈도판 200〉.

* 광배: 회화나 조각에서 인물의 성스러움을 드러내기 위하여 머리나 등의 뒤에 광명을 표현한 원광. 두광(頭光), 신광(身光), 거신광(擧身光) 따위가 있다.

---

77) Mayers ed., *History of Art*, p. 172.

78) 위의 책.

79) Helper Gardner, *Art Through the Ages*, p. 364.

197
테오도르와 성 조지를 옆에 두고 옥좌에 앉아 있는 성모자상.
6세기 혹은 7세기 초. 나무판.
성 캐더린 수도원, 시내산, 이집트.

198
보살상.
간다라, 인도, 1~2세기.
청동.

199
왼쪽. 붉은 사암에 조각한 앉아 있는 부처상.
마투라(Mathura), 인도, 2세기.

200
오른쪽. 이불병좌상.
중국 북위시대, 518년.
청동.

기독교 미술에서 후광이 처음 등장하는 것은 4세기 말로 보인다. 그것은 로마의 한 성당의 동쪽으로 돌출되는 회랑 천정의 반원형 부분(Apse)에 있는 모자이크로, "바울과 함께 있는 베드로에게 법(traditio legis)을 주시는 그리스도"〈도판 201〉이다.[80] 그 다음으로는 5세기 초에 역시 로마의 성 프텐치아나(St. Pudenziana) 성당 앱스(Apse)의 사도들을 가르치시는 그리스도(Chritst teaching the Apostole)〈도판 202〉로 추정된다.[81]

한편 다른 사람들 사이에서 그리스도를 구별하게 하는 십자문양이 새겨진 후광은 6세기 초 라벤나(Revenna)의 성 아폴리나레 누보 성당(St. Apollinare Nuove)의 모자이크 중풍병자를 고치심(The Healing of the Paralytic)〈도판 204〉에서 처음 보이며,[82] 그 후 여러 성화에서 계속 사용되고 있다.

이렇게 그리스도를 다른 인물들 사이에 그리스도를 구별하도록 한 십자무늬가 새겨진 후광은 기독교 미술만의 창의성이라 할 수 있다.[83]

80) Mayers ed., *History of Art*, p. 201.

81) 위의 책, p. 220.

82) Helper Gardner, *Art Through the Ages*, p. 225.

83) 불교의 경우, 점차 '후광'은 '두광'에서 점차 신체 부분을 포기시키는 '광배'로 바뀌고 있다. (참고: *Art Through the Ages*, p. 385, 387, 401.)

201
그리스도가 서 있는 반석에서 낙원의 4갈래 물줄기가 생성되고,
그리스도가 율법을 바울과 함께 서 있는 베드로에게 주고 있다.
성 코스탄자 성당의 북쪽 복도 앱스(apse), 로마, 4세기.

202
사도들을 가르치시는 그리스도. 성 프텐치아나 성당, 로마, 400년.

203
선한 목자로서의 그리스도. 라벤나, 이탈리아, 425년.

204
중풍병자를 고치심. 그리스도 옆에 한 제자가 있고, 고침을 받은 사람은 자기가 누워서 실려 왔던 침상을 메고 간다.
성 아폴리나레 성당, 라벤나, 이탈리아, 5~6세기.

205
소경의 치유.
성 아폴리나레 누보 성당.
500년경.

206
소경을 고치심.
씨노펜시스 복음서의 삽화.
프랑스, 500년경.

207
천사들 사이의 그리스도.
성 비탈레 성당.
앱스 모자이크.

208
성모자. 성인. 천사.
에우프라시아나 바실리카 성당, 포레치, 543~555년.

209
성모와 아기.
하기야 소피아 성당. 이스탄불, 터키,
867년.

210
성령강림과 성모자.
화시우스루키스 수도원,
스타리스, 그릿.
11세기 초.

2) 채색사본의 특성

비잔틴 회화에서 이야기 형식의 모자이크의 착상의 실마리는 원천적으로 카타콤 벽화가 본보기가 되었을 수도 있을 것이다. 그러나 점차 이보다 더 실제적인 모범이 된 것은 페이지마다 성서의 장면을 그린 삽화가 들어 있는 채색사본으로 보인다. 기독교는 경전을 중심으로 하는 종교이기에 성서의 사본이 다량으로 만들어졌고, 금빛이 곁들어진 풍만한 색채로 삽화와 문양을 넣어 만든 성경책을 통상적으로 '채색사본'이라 불렀다.

이러한 채색사본이 언제부터 시작되었는지는 분명치 않으나, 이 책에는 성서의 주제는 물론 고전적 주제도 그려져 있는 것으로 보아 극히 초기의 채색사본의 양식은, 현존하는 그림을 비교해볼 때, 그리스·로마 회화의 영향을 받은 것으로 보인다.[84)]

7세기에 만들어진 채색사본 듀로우의 책(Book of Durrow)의 마태의 문양은, 불과 50년 전까지 아일랜드라는 이방의 작품으로 간주되었지만, 이들 채색사본에서는 바로 그 아일랜드의 문양들이 기독교 신앙을 눈부시게 표현하는 역할을 하고 있다[85)]〈도판 211〉. 채색사본 중에는 8세기에서 9세기 사이에 만들어진 켈스의 책(Book of Kells)〈도판 212〉이 있는데, 이 책에 그려진 마태가 입고 있는 옷에도 전통적인 아일랜드 무늬가 생생하게 새겨져 있다.[86)]

또한 파리의 국립도서관(Bibliotheque Nationale)에 소장된 781년에 만들어진 에방겔리스타흐 꼼미스온느(Evangelistarg Commissioned)의 축복을 내리시는 그리스도(Christ Blessing)에서

84) H.W. 잰슨, 『서양미술사』, 63~65쪽.

85) 위의 책, p. 251~253.

86) Mayers ed., *History of Art*, p. 238.

211
성 마태, 듀로우(Durrow)의 책.
아이오나, 스코틀랜드,
660~680년.

212
성 마태, 켈스(Kells)의 책.
아일랜드의 전통적 문양들이
다양하게 사용되고 있다.
8세기 후반~9세기 초반.

도 아일랜드 전통 미술의 교차문양(interface pattern)이 사용되고 있다 〈도판 220〉.

한편, 800년을 전후하여 만들어진 것으로 보이는 『샤를마뉴의 복음서』가 있다. 이 채색사본에 그려진 "성 마태"〈도판 213〉의 모습을 살펴보면, 만일 마태의 머리에 있는 큼직한 황금 빛 후광만 없다면 그 그림은 한 사람의 고대 로마인의 초상과 하나도 차이가 없는 모습으로 그려져 있다.[87)]

『샤를마뉴의 복음서』보다 20년 내지 30년 후에는 프랑스 대주교 『에보의 복음서』가 만들어졌다. 그런데 이 책에서의 "성 마가"〈도판 214〉의 모습을 보면, 앞에서의 "성 마태"를 그린 고대 로마의 초상화의 모습과 연관이 있음이 확실한데, 그 감수성에서 고전성이 훨씬 떨어져 보인다. 이는 프랑스에서는 이 채색사본에서 보이는 것처럼 고전적이라기보다는 오히려 중세적인 개념을 표현하고 있으며, 그리스도교화 된 아일랜드의 장식이 보여준 정열적이자 풍부한 동작을 연계시키고 있다고 하겠다. 이는 서유럽에서 살아남고 지속되어온 두 줄기의 전통, 즉 그리스·로마의 고전적 전통과 아일랜드의 전통문양이 여기에서 하나로 융합되어 통일된 새로운 양식을 탄생시키고 있다고 하겠다.[88)]

---

87) H.W. 잰슨, 『서양미술사』, 72~73쪽.

88) 위의 책, 73쪽.

213
성 마태, 샤를마뉴의 복음서
(Gospel Book of Charlemagne),
오스트리아,
800~810년.

214
성 마가, 랭스의 대주교 에보 복음서.
프랑스, 816~835년.

3) 채색사본들

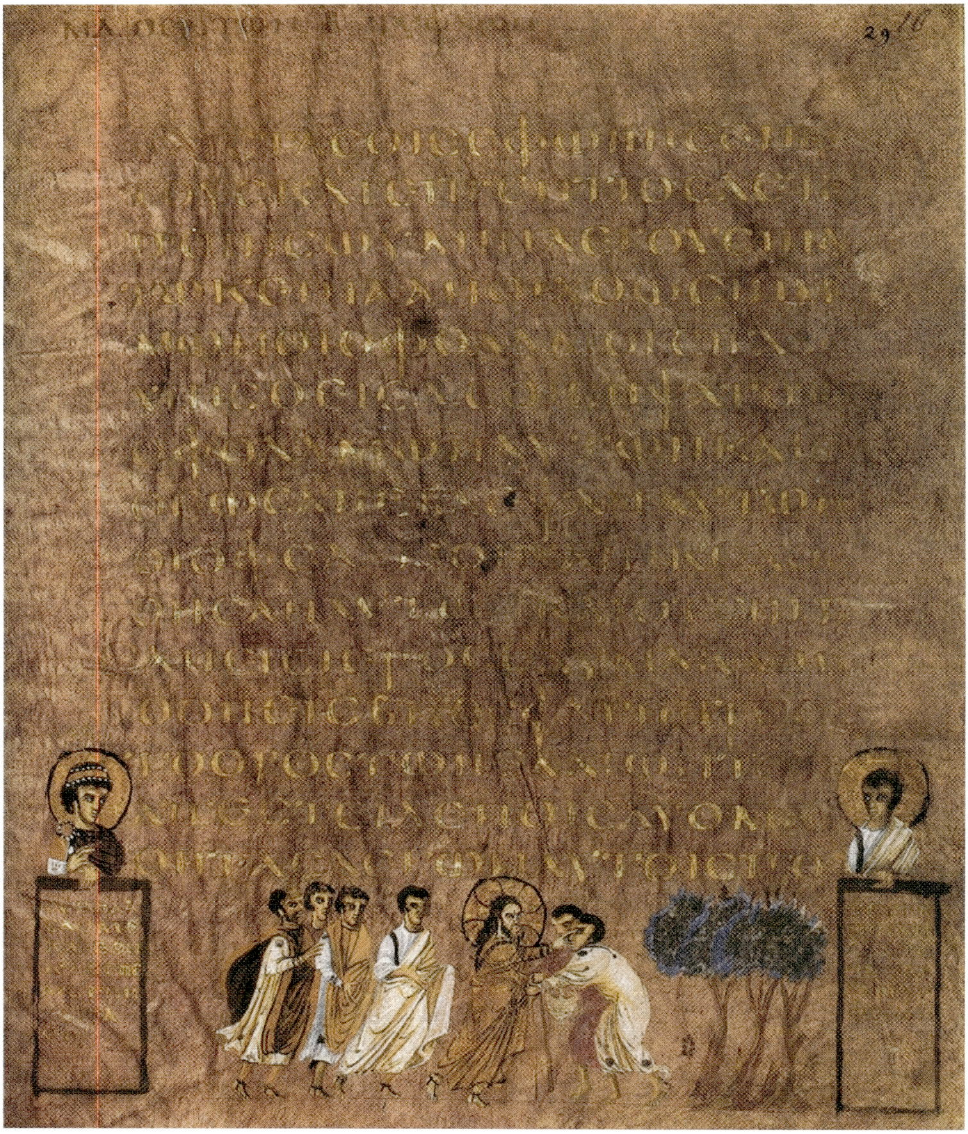

215
소경을 고치심. 시노펜시스 복음서, 프랑스, 500년경.

216
우물가에서 리브가와 엘리야. 필사본, 비엔나 창세기, 6세기 초.

217
빌라도 앞에 선 그리스도.
로사노 복음서, 필사본 삽화,
6세기 초.
로싸노(Rossano).

218
그리스도의 승천.
라불라 복음서, 자그바
(Zagba), 시리아, 586년.

219
성 마태, 린디스화렌(Lindis faren) 복음서.
노덤브리아; 영국, 698~721년.

220
그리스도의 축복.
아일랜드의 교차 문양이 장식으로 사용되고 있다. 파리, 781년.

221
켈스(Kells)의 책 겉표지.
아이오나, 스코틀랜드. 8세기 후반 혹은 9세기 초.

222
린다우 복음서(Lindau Gospels) 표지.
금, 보석, 진주로 장식.
870년.

223
성모자에게 성서를 봉헌 하는 레오. 『레오성서』, 930~940년.

224
「시니아 산에서 율법을 받는 모세」.
「파리시편」.
950~70년경.

225
「현악기를 연주하는 다윗」.
「파리시편」.
950~70년경.

226
에체르나흐(Echternach) 복음서 표지.
상아, 금박, 에나멜, 보석 등으로 장식됨.
누램베르그, 990년.

기독교 미술의 원형과 토착화

기독교의 성화가 언제, 어디서, 그리고 왜 시작되고 그 특징이 무엇인가 그리고 그 특징들이 어떻게 승화되며 발전하는가에 대해 간략하게나마 살펴보았다. 이러한 논의는 기독교가 공인되기 이전의 카타콤 및 두라-유로포스에서의 특성이 공인 후로부터 비잔틴시대에 이르며 더욱 비약적 발전을 하고 있음을 파악할 수 있게 한다.

먼저 기독교가 공인되기 전 박해시대의 산물인 로마의 카타콤의 미술과 두라-유로포스의 벽화를 통해 다음과 같은 점들을 확인하게 된다.

첫째, 기독교는 제2계명에서 형상을 그리거나 만들지 말라는 율법과 이를 엄격하게 따른 유대교의 전통에도 불구하고, 예루살렘과 유대를 넘어 다른 지역에 전파되는 과정에서 성화를 그리기 시작하였다. 이는 로마의 박해 아래서 기독교의 상징을 표시하는 데서 출발하여 난관에 처한 자신들의 구원에 관한 믿음과 소망을 함께 나누는 방식으로 로마의 카타콤에 다양한 프레스코 벽화 형식으로 표현하였다.

둘째, 카타콤에 있는 벽화 가운데 상당한 수의 벽화는 그 구도와 형태 그리고 소품들이 희랍과 로마의 회화와 조각에 연관을 가지고 있다. 이는 새롭게 기독교로 개종한 로마의 예술가들이 박해 가운데서도 자신들의 소질을 발휘하여 자신들의 믿음과 소망을 표현한 것이라 하겠다.

셋째, 두라-유로포스의 벽화들은 유대교 회당임에도 불구하고 많은 벽화를 그려 놓았는데, 이는 당시 그 지역의 여러 종교들이 밀집되어 있어 경쟁적으로 새로운 개종자를 얻기 위해 당시의 예술가를 동원하여 벽화를 그리게 된 것으로 보인다. 그런데 이 예술가들은 희랍과 로마 예술의 기능자들이기에 여기에서도 카타콤과 같이 상당수의 벽화가 그리스·로마적인 형태와 이미지를 반영하게 되었다.

넷째, 이들 성화에 그려진 복장 가운데 상당수는 '튜니카'에 '가르비'가 있는 옷으로 이는 1세기경 달마시아 지방의 옷이지만, 그 옷의 검소함과 행동의 편리성, 그리고 그 무늬가 주는 상징성 등으로 초기 기독교인들이 즐겨 입게 됨으로 말미암아 카타콤과 두라-유로포스의 벽화에도 그려지게 되었다.

이상의 점들을 감안할 때 기독교의 성화는 선교 초기부터 인물의 형상과 복장을 토착화하는 과정과 더불어 성장하였다고 하겠다.

또한 기독교가 공인된 후로부터 비잔틴 미술 전반에 걸친 변화를 토착화라는 관점에서 살펴볼 때 다음과 같은 결론을 얻을 수 있다.

첫째, 이스라엘과 구약성서의 문화배경에서는 성화를 그리거나 성상을 만드는 것이 금기였지만, 비잔틴 미술에는 성화나 성상이 문자를 모르는 대중들에게 성경의 내용을 알고 익히게 하는 점을 감안하여 소위, "빈자의 성서"라는 역할로 성화와 성상이 적극적으로 활용되었다.

둘째로, 교회 건축에 있어 로마의 신전을 직접적으로 사용한 것은 아니지만, 로마 문화의 산물인 공회당, '바실리카 울피아'를 기본 모형으로 삼음으로써 토착 로마문화의 진수를 기본으로 깔고 방향과 구조를 변경하며 로마문화의 또 다른 요소를 첨가하여 새로운 형태를 만들고 이를 새롭게 해석하는 방식을 취하고 있다. 이러한 모습은 성 코스탄자 성당에서도 같은 방식을 취하고 있다. 그리고 한걸음 더 나아가 '판테온' 신전과 '안토니우스와 화우스티나' 신전의 경우처럼 로마제국의 신전 그 자체를 개량하여 교회로 사용하기도 하였다.

셋째로, 회화와 조각 부문에 있어서, 우선 비잔틴 회화의 중추를 이루는 모자이크 자체가 당시 로마의 문물로 비잔틴 교회는 이 모자이크 기법을 발전시켜 새롭게 성전의 벽화로 개발함으로써 회화의 새 경지를 개발하였다. 회화 중에서 인물화의 경우 인물의 모습이나 자태 및 구도는 상당 부분 그리스·로마의 회화나 조각을 모델로 하였으며, 그 일부는 근동 미술에 연계된 것들도 있다. 특별히 후광은 인도 간다라 불상의 영향을 받은 것이나 나름대로 창의성을 발휘하여 발전시키고 있다. 채색 사본의 경우, 그리스·로마의 고전적 미술의 화법과 옛 이방 아일랜드의 전통문양을 조화롭게 활용하여 다양한 형태로 발전시켜 나간 것이라 하겠다.

이상의 내용들로 살펴볼 때 비잔틴 기독교의 미술은 당시 기독교가, 본래의 기독교의 시작과 배경이 되는 이스라엘 문화가 아닌, 그리스·로마시대에 개발된 미술의 최상의 작품들을 자유롭게 가감해가며 새로운 조화의 세계를 창안하고, 이에 대해 새롭게 해석하여 의미를 부여한 것이라 하겠다.

따라서 초기 기독교가 당시 로마제국에서 공인되기 전 로마를 중심으로 한 카타콤의 미술들과 콘스탄틴 황제에 의해 기독교가 공인(313)되고 로마의 국교가 되어 비잔틴시대를 열어가며 발전하는 기독교미술 세계를 종합적으로 평가한다면 다음과 같이 정의할 수 있을 것이다.

구체적으로 표현한다면, 기독교미술의 원형은 처음부터 열려진 빈 공간과 같다. 이는 성서적으로 제시된 바이며, 역사적 실체로 구현된 바이다. 즉, 구약성서 혹은 유대교 전통에 따라 제2계명에서 형상을 만들거나 그리지 말라는 말씀이 기독교 미술의 원형 생성을 유보되게 하였으며, 이스라엘에서 시작된 기독교는 자의 및 타의에 의해 이스라엘의 경계를 넘어 나올 수밖에 없는 상황에 처하게 됨으로써 그 자체의 고유한 문화예술을 형성할 겨를이 없었기 때문이다.

여기에서 굳이 초창기 기독교의 미술활동을 기독교 미술의 원형으로 삼는다고 하면 그 바탕은 그리스·로마의 미술문화가 될 것이다. 그러나 우리 모두가 아는 바와 같이 이는 이방미술이요 이방문화라는 점에서 기독교 미술의 원형의 자리에 설 수 없음은 주지의 사실이다.

그러므로, 기독교미술은 처음부터 피선교국의 미술문화를 기반으로 그 정수들을 취사선택하고 거기에 기독교의 핵심적 아이디어를 조화시켜 새로운 예술의 세계를 열어가는 토착화의 과정을 기반으로 전개된다 하겠다. 따라서 기독교의 전파는 피선교국으로 하여금 자신들의 문화예술을 창조적으로 승화시켜야 할 과제를 주고 있다 하겠다.

참고문헌

김학수 그림, 윤병상 해설, 『예수의 생애』, 연세대학교 출판부, 1989.

대사전편집위원회, 『그리스도교 대사전』, 기독교 서회, 1972.

라덴, 존, 『초기 기독교와 비잔틴 미술』, 임산 역, 한길아트, 2003.

레우후, 『종교와 예술』, 열화당, 1988.

로크마커, H., 『기독교와 현대 미술』, IVP, 1988.

매튜스, T., 『비잔틴 미술』, 김이순 역, 도서출판 예경, 2006.

박정세, 『민담과 민속의 신학적 이해』, 연세대학교 출판부, 2006.

박정세, 『성서와 한국 민담의 비교연구』, 연세대학교 출판부, 1996.

보쉬, D. 『변화하고 있는 선교』, 김병길 역, 기독교 문서선교회, 2000.

사네, L., 『선교 신학의 이해』, 전재옥 역, 대한 기독교 서회, 1993.

서봉남, 『기독교 미술사』, 집문당, 1994.

쉐퍼, P., 『예술과 성경』, 생명의 말씀사, 1995.

슈라이터, R., 『선교와 토착화』, 황애경 역, 가톨릭출판사, 1991.

잰슨, H.W., 『서양미술사』, 이일 편역, 1985.

정흥숙, 『서양복식문화사』 개정판, 16쇄, 교문사, 2007.

클라쎈, 비난트, 『서양 건축사』, 심우갑·조희철 공역, 대우출판사, 2000.

틸리히, P., 『문화와 신학』, 대한 기독교 서회, 2002.

파노프스키, E., 『도상해석학 연구』, (이한순 옮김), 시공사, 2002.

한국미술인선교회 편, 『기독교와 미술』, 예영 커뮤니케이션, 1996.

히버트, P. 『문화속의 선교』, 채은수 역, 총신대학 출판부, 1987.

박정세, “기독교 성화의 기원과 토착화”, 『신학논단』, 제45집, 2006. 9.

박정세, “비잔틴 시대 기독교 미술의 특성과 토착화”, 『신학논단』, 제47집, 2007. 3.

손호현, “도판은 ‘빈자의 성서’(*biblia pauperum*)인가? : 그레고리우스 1세의 기독교 예술교육론”, 『기독교 교육정보』, 제14집, 한국기독교 정보학회, 2006. 6.

안혜정, “‘최후의 만찬’에 표현된 복식에 대한 연구”, 홍익대 석사논문, 2005.

최효준, “기독교 토착화 관련 성화 도상 구현의 의의 – 20세기 전반 동북아세아 지역을 중심으로 –”, 『미술사학보』, 제18호, 2002. 9.

Baruffa, Antonio, *The Catacombs of St. Callixtus*, tr., by W. Purdy, L.E.V. Vatican city. 1993.

Bevans, S., *Models of Contextual Theology*, Orbis, 1992.

Fine, Steven, *Art and Judaism in the Greco-Roman World*, Cambridge University Press, 2005.

Hachili, Rachel, *Ancient Jewish Art and Archaeology in the Diaspora*, Koninkijke Brill, 1998.

Hopkins, Clark, *The Discovery of Dura-Europos*, ed. Bernard Goldman. Yale university Press. 1979.

Horst de la Croix and Tansey, Richard G., revised, *Gardner's Art through the Ages*, 7th edition, Harcourt Bracee Jovanovich, Publishers, 1980.

Jaffe, Hans L. C. ed., *20,000 Years of World Painting*, Greenwich House

Distributed by Crown Publishers, 1983.

Listri, Pier Francesco, *Rome and the Vatican City Venice Florence Naples*, ATS Italia Editrice-Kina Italia, 2006.

Myers, Bernard S., Trewin Coppleston, ed, *The History of Art with Twelve Hundred Illustrations*, Eeter Books, 1985.

Niclai, V.F., Bisconti, F., Mazzoleni, D., *The Christian Catacombs of Rome*, 2nd edittion, Schnell & Steiner, 2002.

Pergola, Philippe, *Christian Rome*, TipolitografiaCS-Padova, 2000.

Stevenson, James, *The Catacombs; Rediscovered monuments of early Christianity*, Thames and Hudson, 1978.

Chazellle, Celia M., "Picture, books and the Illiterate : Pope Gregory I's letters to Serenus of Marseilles", *Word & Image*, vol. 6, no. 2.

Moon, Warren G., "Nudity and Narrative : Observations on the Frescose from the Dura Synagogue." *Journal of the American Academy of Religion*, LX, 4. (Winter, 1992)

Stephanos, Mary, "The Jewish Community at Dura-Europos : Portrait of a People," *The Maryland Undergraduate Historical Journal*, May 2001.

Wikipediaa, Free Encyclopedia, <http://en.wikipedia.org/wiki/Main_Page>.

찾아보기 / 도판목록

찾아보기

ㅇ

ㅎ

도판목록

§ 부록

한국에 오신 예수

혜촌 김 학 수

혜촌 김학수 화백(1919~2010)은 1985년 "한국 기독교 100주년"을 기념하여 〈한국에 오신 예수〉를 '탄생'에서 '승천'까지를 한국 풍속화 36점으로 완성하였다. 현재 이 성화들은 모두 연세대학교에 기증되어 교내 〈루스채플〉에 영구 전시된 상태이다. 여기에서는 36점 가운데 생애를 중심으로 18점을 인용하고, 하단에 제목과 함께 관련된 성경구절을 표시하였다.

1
성탄
· 마태복음 1:18~2:12
· 누가복음 2:1~20

2
애굽 피난길
· 마태복음 2:13~15, 19~23

3
요단강 세례
· 마태복음 3:13~17
· 마가복음 1:9~11
· 누가복음 3:21~22

4

광야의 시험

· 마태복음 4:1~11

· 마가복음 1:12~13

· 누가복음 4:1~13

5
가나의 혼인 잔치
· 요한복음 2:1~11

6
산상수훈
· 마태복음 5:1~7:29

7
어린이 축복

- 마태복음 19:13~15
- 마가복음 10:13~16
- 누가복음 18:15~17

8

떡 다섯 개와 물고기 두 마리

· 마태복음 14:13~21

· 마가복음 6:30~44

· 누가복음 9:10~17

· 요한복음 6:1~14

9
선한 목자
· 요한복음 10:11~18

10
소경을 고치심
· 마태복음 20:29~34
· 마가복음 10:46~52
· 누가복음 18:35~43

11
사마리아 여인
· 요한복음 4:1~42

12
호산나
· 마태복음 21:1~11
· 마가복음 11:1~11

13
최후의 만찬
· 마태복음 26:17~29
· 마가복음 14:12~25
· 누가복음 22:14~23
· 요한복음 13:21~30

14
법정에 서신 예수
· 마태복음 27:11~26
· 마가복음 15:6~15
· 누가복음 22:66~71
· 요한복음 18:28~40

15

십자가에 달리심

- 마태복음 27:38～44
- 마가복음 15:27～32
- 누가복음 23:33～43
- 요한복음 19:17～27

16

부활의 아침

・마태복음 28:1~10
・마가복음 16:1~11
・누가복음 24:1~12
・요한복음 20:1~10

17
엠마오로 가는 길
· 마가복음 16:12~13
· 누가복음 24:13~35

18

예수의 승천

- 마가복음 16:19~20
- 누가복음 24:50~53
- 사도행전 1:6~11

기독교 미술의 원형과 토착화

– 카타콤 벽화에서 비잔틴 건축까지 –

지 은 이 박정세
펴 낸 곳 연세대학교 출판부
주 소 서울특별시 서대문구 연세로 50
전 화 (02)2123-3380~2
팩 스 (02)2123-8673
E-mail ysup@yonsei.ac.kr
홈페이지 http://www.yonsei.ac.kr/press
인 쇄 (주)동국문화

2008년 10월 15일 1판 1쇄
2011년 2월 28일 1판 2쇄
ISBN 978-89-7141-854-3 (93600)

값 15,000원